维真基督教文化丛书

主编 许志伟
副主编 董江阳 潘玉仪

THE SINGLE INDIVIDUAL
ON KIERKEGAARD'S RELIGIOUS THOUGHT

个体的人

祈克果的基督教生存论思想　　孙 毅 著

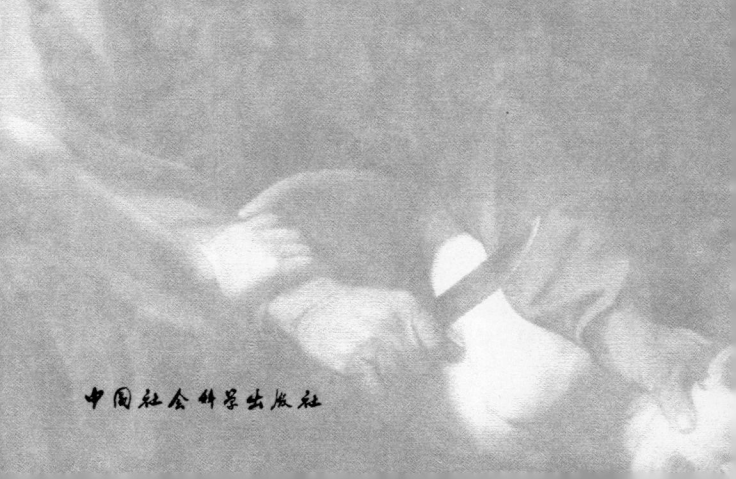

中国社会科学出版社

图书在版编目（CIP）数据

个体的人：祁克果的基督教生存论思想／孙毅著．—北京：中国社会科学出版社，2004.10（2009.5 重印）

（维真基督教文化丛书）

ISBN 978-7-5004-4667-5

Ⅰ．个… Ⅱ．孙… Ⅲ．祁克果-基督教-宗教哲学 Ⅳ．B 97

中国版本图书馆 CIP 数据核字（2004）第 091845 号

责任编辑	任风彦
策划编辑	陈　彪
责任校对	孟英润
封面设计	回归线视觉传达
版式设计	王炳图

出版发行	中国社会科学出版社			
社　　址	北京鼓楼西大街甲 158 号	邮　编	100720	
电　　话	010—84029450（邮购）			
网　　址	http://www.csspw.cn			
经　　销	新华书店			
印　　刷	北京新魏印刷厂	装　订	广增装订厂	
版　　次	2004 年 10 月第 1 版	印　次	2009 年 5 月第 2 次印刷	
开　　本	880×1230　1/32			
印　　张	8.125	插　页	2	
字　　数	178 千字			
定　　价	18.00 元			

凡购买中国社会科学出版社图书，如有质量问题请与本社发行部联系调换

版权所有　侵权必究

内容摘要

祁克果思想的主导背景是要在启蒙以来的人文思想氛围中重新思索基督教对于人的意义。这种基督教的背景为他的思想提供了一种个体生存的进路。从这种角度，他对当时的思辨哲学进行了激烈的批评。这个批评的核心可以概括为：思辨哲学的反思方法使个人的生存中断，人成为"旁观者"，或消失于在他看来具有虚幻性的"众人"之中。他给自己规定的终生目标就是要打破这种"众人"幻象，使个人成为个体的人。

个体的人是祁克果基督教生存论的核心范畴和主导线索，它大致包括两个层面的含义。首先，祁克果从内向性的角度规定个体的人。个体的人在生存论层面上的实在性体现在：个人开始有一种对自我的关切。这种与自己的关系（"关系的关系"）构成了个体的人的实在性；其次，这种关切关系的特点首要地是一种激情，而并非首要地是理智。这种激情随着强度的增加，依次表现为志趣、意愿、决断、直到信仰的层面，这些构成了个体的人主体性的层面。这里祁克果思想的特点是，这种激情性的关切关系是非现成性的，乃要在一种"个体化"的过程中展现或体现出来。这种"个体化"的过程可以有两条不同的途径：伦理－宗教 A 的途径，以及宗教 B 的信仰途径。

个人成为个体的人，在祁克果看来，更主要地与宗教 B

的途径或阶段相关，即与基督教信仰相关。祁克果从生存论角度，并没有首要地把信仰看作一套信念或学说体系（what），而是将其首要地看作是一种生存现象、状态或过程（how），因此可以把这个信仰的过程看作是个人成为个体的人的"个体化"过程。具体地说，祁克果在宗教 B 中强调的核心思想在于：个体的人能够形成实在性的自我关联乃和一个更高的实在相关，即和"神－人"相关，或者和个体的人与"神－人"（悖谬）形成的个人性关系相关。这种关系是生存性的，它是动态和无止境的，因此个体的人总是处在生成之中。

本书力求在生存（存在）论的层面上去把握祁克果个体的人的思想。在与日常政治或社会伦理的个人含义相区别的前提下，去把握个体的人这个范畴的生存论内涵，并且探讨了个人成为个体的人的两条"个体化"的途径。

ABSTRACT

The dominating intention of Kierkegaard's thought is to reconsider the meaning of Christianity to human beings against the humanistic background of the Enlightenment. When we scrutinize Kierkegaard's situation in that time from this perspective, we can see two primary elements that are very important in his existential situation. One is the Christendom where he was living. The other is the speculative philosophy that dominated the intellectual circles during that time. These two elements constitute the background against which his thought evolved and the object he attacked severely. He seriously criticized the speculative philosophy in his age. The main point of his criticism is that its reflective nature of speculative method suspends the existence of the individual thinker, turning him into a spectator. In Kierkegaard's words, the individual thinker disappears in "the crowd", which he regards as an illusion. As a religious thinker, Kierkegaard takes it as a lifetime task to destroy this illusion and transform the individual into the single individual. His Christian background provides an individual and existential approach to the subject.

Here we regard Kierkegaard as a religious author, and held that there is a uniform and religious intention in his authorship. This core intention is to demonstrate how an individual becomes a Christian, in other words, a single individual, for they are identical in Kierkegaard's terminology. For this intention, Kierkegaard wrote his works in a very special way, which may be called polyphonic depiction. There are two dimensions toward this same purpose. One is existential dimension, which is manifested mostly in the pseudonymous authorship, and the other the Christian dimension, which is mainly composed in his own name. In this way Kierkegaard not only focuses on the subject of the single individual in his authorship, but also makes the reading itself become a "way of individuation" for the readers. Since the main character of the polyphonic depiction is to depict the same thing in many different ways, authorship itself giving no certain conclusion, so that the readers have to draw the conclusion by themselves. Thus, concentrating on the concept of the single individual, Kierkegaard's intention of authorship combines very conformably with its polyphonic way of authorship.

The single individual is the dominating category and main clue of Kierkegaard's Christian existentialism. It can be easily misunderstood in two ways. First, the single individual is often confused with the individualism often used in the realm of politics and society. Second, the single individual is often confused with the single one who is isolated from any one of this world. The main distinction made by this dissertation is between the single individual and an individual. By an individual we mean the rights and obligations that identify an individual as an individual in the realm of politics and ethic. While by the single individual we try to make its existential and religious meaning stand out. In these perspectives, it may have meanings as follows. And we may see from these meanings that what Kierkegaard says about the single individual does not focus on the isolation but on the integrity of the single individual's personality.

First, Kierkegaard defined the single individual as inwardness, which means the existential reality of the single individual is manifested in his concern for himself, and constituted by his relation with himself. Here Kierkegaard's concept of the single individual has a very close relationship with his concept of self. In his comprehension of self, we can see a transformation toward existential dimension. For Kierkegaard, self is not the relation of two elements that consist in human being, such as reason and sense, or eternal and mortal, but a relation which two-element relation may has with itself. Understanding self in this way, Kierkegaard tries to stress that self only means such a relation that an individual appears to himself as a whole in his existence.

Secondly, for Kierkegaard, the concern for or relation with oneself is not present-at-hand. This relation often appears with dread or anxiety that an individual may experience passively. Therefore the relationship an individual has with himself is not self-sustained, and this character of non-self-sustained relation is manifested, for Kierkegaard, by his anxiety and despair in his existence. From this perspective Kierkegaard comes into his re-comprehension of Christian doctrine of sin. He held that anxiety itself is not sin, but a precondition for sin. Sin may manifest itself in an intensified form of despair in an individual's existence. So, an individual has to overcome this obstacle to identify himself. Kierkegaard depicts two ways for us to overcome the obstacle. These are the way of Ethical-Religion A, and the way of Religion B. In this dissertation we regard these two ways as the ways of individuation by which an individual can become the single individual.

Third, the common character of these two ways of individuation is passion, rather than reason. As the intensity of the passion increases, it appears respectively as interest, willing, decision, and then faith, which constitute the different levels of an individual's subjectivity. Here, the point of Kierkegaard's thought is, the inward passion is a kind of fervent tension with which the individual held fast an objective uncertainty through appropriation. In this way the subject of the individual is manifested or actualized in a process of individuation.

The main point of the stage of ethic is an individual's decision. It is making one's decision that makes an individual self-awakened, and confronts him with the situation of anxiety and despair. We regard Ethic-Religion A as a way for an individual to identify himself. In this way universal principle plays very important role in both stages. When an individual opens himself up to the public according to the universal principle, not only is he accepted by the public, but also identified by himself because of the meaning unfolded in his unified history. But according to Kierkegaard, the main problem of the way of Ethic-Religion A is easy to see. Because of the close relationship between the realization of universal principle and one's self, failure of the realization of universal principle must means failure of the realization of one's self.

According to Kierkegaard, becoming the single individual is primarily related to the way or stage of Religion B, namely, Christianity. From existential perspective, Kierkegaard does not regard Christian faith as a set of beliefs or doctrines (what), but primarily as a kind of existential state or process (how), therefore it could be further regarded as a individuation-process, by which a individual becomes the single individual. In Religion B, the point that Kierkegaard wants to stress is, the establishment of one's correct relationship with himself depends on his personal relationship with what he calls absolute Paradox (or God-Man).

The dominant character in Religion B is the encounter of individual with absolute Paradox. Existential reaction for an existing individual to this encounter is either offence or faith. For Kierkegaard, offence for an individual means his reason has reached its edge, or the common existent pattern for him almost lost in front of a challenge. It is in a fervent passion that the individual become reconciled with absolute Paradox. Through the appropriation with most inward passion, the absurdness of Paradox at its first appearance is transformed. So the existential relationship between the individual and Paradox is dynamic and never-finished. The single individual is always on the way of becoming.

Following the clue of " the problem of individuality" in the history of Western philosophy, this dissertation attempts to approach Kierkegaard's thought of the single individual from the existential perspective, distinguishing it from its ordinary use, and examining the two ways of individuation by which a individual becomes the single individual. For Kierkegaard's thought of the single individual, we try to grasp both sides of it. On one hand, we try to affirm its theoretical meaning in metaphysics from wholeness of reality toward individual reality, and its practical meaning in existence for becoming an integral personality. On the other hand, we also point out some passive aspects in his religious thought.

Key words: the single individual, existence, faith, sin, Paradox

丛书总序

当代中国大陆学术界对于基督教思想文化的研究，从20世纪80年代初期算起，迄今已经有二三十年的时间。在这一时期，通过诸多有识之士的努力，可以令人欣慰地说，在这一研究领域内取得了许多令人感到鼓舞的成果。随着这一研究领域或学科的理论发展，以及新一代学者的日益成长与成熟，中国学人已强烈感到在经过了这二三十年的基础性建设之后，有必要使自己进入到一个更高更深和更新的研究与探索阶段。在此一背景下，"维真基督教文化丛书"的推出，就希冀能够以自己深入细致的纯学术研究，成为中国基督教思想文化学术探索之切入和展开第二阶段或更高一阶段研究的有力推动者和标志物。

可以看到，中国学界对于基督教的研究在前一个阶段里往往侧重于从哲学的、历史的、社会的、文学的与文化的角度来研究基督教，即便是在对基督教思想进行学术研究之时，也大都是研究基督教在哲学、伦理学、社会学、政治学、美学、人类学、心理学等方面的思想，而对基督教思想的核心组成部分或主体思想脉络或内在理路推演即基督教神学思想，则往往采取"避重就轻"的态度。这就使得人们会对基督教思想史或者基督教思想史上的思想家的理解与评价不够深入全面，甚至产生偏颇或失当。有鉴于此，"维真基督教文化丛书"将其研究的主题，确定为对历史上的基督教思想特别是对某一思想学派或某一思想家的某些核心性的或影响深远的问题、思想、观念与范畴，做出深层次的系统的研究、剖析与评述。力争在各个具体的研究课题上做到"入乎其内，出乎其外，"有客观的理解，有公允的评价，有对他人的借鉴，也有自己独到的见解，从而成为中国基督教学术研究的一套有宽阔视野、有学术分量、有参考价值、有深远影响的丛书。

本丛书的作者大多属于中国学术界基督教研究领域的新生代。在中国，一个人在完成学业取得各种学历并进入正规的学术研究领域之时一般都在30岁以后；以此为起点，以15岁为年龄段，可以将中国现有的基督教研究学者大致区分为三代人并各有其粗略的特征，第一代是60岁以上的将要或已经退休的学者，他们在其特定的历史条件下对基督教的研究含有更多的政治文化批评与批判的意味；第二代系45岁至60岁的现今占据着中国基督教研究各种领导职位的学者，他们对基督教的研究含有更多的客观中立的意味；第三代系30岁至45岁的代表着中国基督教研究之未来的新生代，他们对基督教的研究更多地含有同情式理解与学术性批判的意味。"维真基督教文化丛书"的这些作者即属于这第三代中国基督教研究学者之列并构成了这第三代学者当中的核心与骨干。此外，他们还具备这样一些共同的特征：他们大都是从事基督教学习与研究的科班出身；他们全都具有博士学位；他们全都在中国最著名的科学院所和大学里从事着科研或教学工作；他们全都具有负笈海外的留学经历。

就上述最后一点而言，也顺便一提本丛书名称的由来。这套丛书的题名前冠以"维真"一词，其中文含义是一目了然的，学术研究对"真"的追求与维护永远都是它的目标所在。不过，"维真"一词对本丛书大部分作者而言还具有另一层含义，因为"维真"一词亦系加拿大"Regent College"这一学院名称的音译，这不仅是指本套丛书的出版得到了维真学院中国研究部的合作与支持，而且也是指本套丛书的作者至少全都曾经在维真学院这一在北美乃至世界享有盛名的研究生院进修和学习过这一事实。俗话说，"十年树木，百年树人"；又道是"万事人为本"。中国基督教学术研究有了这些新生代的崛起与跟进，假以时日，必将有更大的发展和更喜人的前景。这就像《圣经·耶利米书》所说，他们"必像树栽于水旁，在河边扎根，炎热到来，并不惧怕，叶子仍必青翠，在干旱之年毫无挂虑，而且结果不止。"

许志伟

2004年春于香港

祁克果英文著作名缩写凡例

AR *On Authority and Revelation*: The Book on Adler, tran. Walter Lowrie, New York: Harper & Row, 1966

CD *Christian Discourses*, tran. Walter Lowrie. Princeton University Press, 1940

CA *The Concept of Anxiety*, tran. Reidar Thomte, Princeton University Press, 1980

CUP *Concluding Unscientific Postscript*, ed. and tran. Howard V. Hong and Edna H. Hong. 2 volumes. Princeton University Press, 1992

COR *The Corsair Affair, and Articles Related to the Writings*, ed. and tran. Howard V. Hong and Edna H. Hong. Princeton University Press, 1982

EUD *Eighteen Upbuilding Discourses*, tran. Howard V. Hong and Edna H. Hong. Princeton University Press, 1990

EO *Either/Or*, I, tran. David F. and Lilian M. Swenson; II, tran. Walter Lowrie, Princeton University Press, 1959

FT *Fear and Trembling*, tran. Walter Lowrie, Princeton University Press, 1983

JC Johannes Climacus, in *Philosophical Fragment and Johnnes Climacus*, tran, Howard V. Hong and Edna H. Hong. Princeton University Press, 1985

JP *Journals and Papers*, ed. and tran. Howard V. Hong and Edna H. Hong. Bloomington and London: Indiana University Press, 7 volumes, 1967–1978. 注释中随后标出卷数和段落数码

Papirer 《日记与文稿》丹麦文本，随后标卷数和段落数码。

PF *Philosophical Fragment*, tran, David Swenson. Princeton University Press, 1967

PV *The Point of View for My Work as an Author*, ed. and tran. Howard V. Hong and Edna H. Hong. Princeton University Press, 1998

PC *Practice in Christianity*, tran. Howard V. Hong and Edna H. Hong. Princeton University Press, 1991

SUD *The Sickness Unto Death*, tran. Howard V. Hong and Edna H. Hong. Princeton University Press, 1980

SlW *Stages on Life's Way*, ed. and tran. Howard V. Hong and Edna H. Hong. Princeton University Press, 1988

TDIO *Three Discourses on Imagined Occasion*, ed. and tran. Howard V. Hong and Edna H. Hong. Princeton University Press, 1993

TA *Two Ages: The Age of Revolution and the Present Age*, tran. Howard V. Hong and Edna H. Hong. Princeton University Press, 1978

UDVS *Upbuilding Discourses in Various Spirits*, ed. and

tran. Howard V. Hong and Edna H. Hong. Princeton University Press, 1993

WL *Works of Love*: *Some Christian Reflection in the Form of Discourses*, tran. Howard V. Hong and Edna H. Hong. Princeton University Press, 1962

目 录

丛书总序 ………………………………… 许志伟（1）
著作名缩写凡例 ………………………………………（1）
前　言 ………………………………………………（1）

导言　祁克果思想的主导问题 ……………………（1）
　第一节　祁克果对其时代的批评 ……………………（1）
　第二节　从信仰论层面看其问题 ……………………（9）
　第三节　从生存论层面看其问题 …………………（13）
　第四节　从自我论层面看其问题 …………………（17）

第一章　祁克果托名作品的意义 ………………（22）
　第一节　祁克果作品的分类 ………………………（23）
　第二节　祁克果托名作品的意义 …………………（30）
　第三节　两个主要托名作者的思想特点 …………（36）

第二章　祁克果对黑格尔哲学方法的批评 ……（45）
　第一节　祁克果与黑格尔在思想上的关联 ………（45）
　第二节　祁克果对思辨"体系"的批评 …………（56）
　第三节　祁克果对客观反思方法的批评 …………（63）

第三章　个体的人的概念……………………………（69）
  第一节　"个体的人"的含义分析……………………（70）
  第二节　个体的人在生存论上的意义…………………（79）
  第三节　个体的人与生存过程…………………………（91）

第四章　伦理与宗教 A 的途径………………………（97）
  第一节　伦理阶段的特点………………………………（98）
  第二节　宗教 A 的实现途径 …………………………（106）
  第三节　伦理－宗教 A 与宗教 B 途径的对比 ………（114）

第五章　罪与人的个体化……………………………（120）
  第一节　祁克果罪论的出发点…………………………（121）
  第二节　罪与人的不安及绝望…………………………（127）
  第三节　罪与人的个体化生存…………………………（134）

第六章　宗教 B：个体的人与信仰…………………（142）
  第一节　绝对的悖谬对于宗教 B 的意义 ……………（142）
  第二节　冒犯式的回应关系……………………………（152）
  第三节　信仰式的回应关系……………………………（157）

第七章　个体的人及其相互关系……………………（167）
  第一节　个体之人的相互交流…………………………（168）
  第二节　个体之人的相互关系…………………………（173）
  第三节　新的群体关系…………………………………（183）

结　语　对祁克果个体的人思想的评论……………（190）

第一节　个体的人思想评述……………………………(190)
第二节　从自我论层面看个体的人……………………(194)
第三节　从信仰论层面看个体的人……………………(201)
第四节　西方哲学史中的"个体问题"………………(206)

参考文献……………………………………………………(223)
后　记……………………………………………………(229)

前　言

许志伟

祁克果是 19 世纪丹麦的一个重要思想家。他被称为一个"先知"，一个走在了其时代的前面、非常具有原创性的思想家。他在其不算太长的一生中写下了大量的作品。这些作品是在一个世纪以后，在人们痛苦地经历了两次世界大战以后，才逐渐被人们认识到其重要价值的。可以说，对于现代人的生存处境和生存困境，他所认识到的深度在他那个时代几乎没有什么人能够超过他。在他所生活的那个时代，当人们还对黑格尔的思辨哲学体系以及由此而产生的思辨神学赞叹不已，人们还沉浸在浪漫主义给人带来的乐观情绪中时，他却已经看到了这个"基督教世界"已经有的危机。

在某种意义上，他的作品不是写给他那个时代的人，乃是写给 20 世纪的现代人的。他对这个时代人的生存状况的深入刻画，深深地影响了这个时代。似乎这个时代还没有哪一个思想家对于现代人的思想所产生的影响要比他更为广泛，以致在现代人思想的每一个领域好像都能看到他的思想的影子。在哲学方面，他影响了包括海德格尔在内的一代的生存哲学家们。在神学领域，他影响了包括卡尔·巴特在内的新正统派的神学家们。在伦理学、文学理论方面他也常常是人们所讨论的对象。

因此，当现代的人想要根据他的作品来确定他的身份时，人们发现自己遇到了明显的困难。在神学领域，他常常被看作是一种特殊类型的神学家（或类神学家），就如在哲学领域，他只是被看作是一种诗人哲学家。确实，在这些领域中，他与其被看作是现代大学意义上的专家学者，不如说他更像是传统意义上的思想家。按照他自己给自己的定位，他把自己看作是一个"宗教作家"或"宗教思想家"。当他这样地使用"宗教"这个词时，在他的心目中，宗教乃是人作为一个有人格的人来生存的基本前提，换句话来说，宗教乃是使人成为人的基本因素，因此它贯穿于人类生活的各个方面。多少时代以来，成为人确是每一代思想家思想的重要主题，是吸引他们、驱动他们将自己一生奉献出来的重要动力。祁克果就是这样的一位"传统"的思想家，他将思考如何成为一个人这样的问题当作自己生存的最高使命。

如果我们要简要地概括他的思想，无疑他的人生三阶段论是一个重要的线索。对于祁克果来说，人要成为一个人，他在生存论的意义上可能会经历到生活道路的三个阶段或境界，这就是"审美的、伦理的和宗教的阶段"。这三个阶段或境界并不是可以连续过渡的。相反，这三个阶段具有非连续性，只能通过"跳跃"才能从一个阶段进入到另一个阶段。下面我们就围绕这三个阶段或境界，来介绍一下祁克果在哲学、伦理学及神学领域的重要观点。

1. 哲学领域中的思想

在祁克果看来，在审美阶段，人的生活在生存论上具有这样的特点：享受这一刻的乐趣。对这种当下乐趣的追求并不只限于感官方面，也可以是指人的智性方面。因此，生活在这个阶段的人不仅可以是唐·璜式的人物，也包括追求片段美感的艺术家，以及喜欢玩弄概念和体系的哲学家。当人们追求这一刻的乐趣时，这一刻的意义可能在下一刻就不再有意义。所以这个阶段的最终结果就是人心灵深处的绝望。

从哲学方面来看，祁克果的贡献特别体现在他对黑格尔思辨哲学体系的批评上，以及由此而引出的人的生存的观念。他将人的"生存"与思辨的"体系"对立起来。当人沉浸于那宏伟的思想体系中，为其结构的完美所折服的时候，人不仅是把自己置身在这个体系之外，同时也忘记了自己的生存。这乃是审美阶段的共同特点：人并不是活在"自己"之中，乃是下意识地、竭力地要把"自己"消失在对象之中。但人的"生存"正与此相反：生存乃是人作为他"自己"的生存，是亲身置于其中的生存（"亲在"）。这决定了人作为亲身经历者的"生存"是一个在时间中的过程，是一个靠着由"缺欠"所产生的张力推动着过程。这个过程的时间性本身构成了人的"生存"的基本意义。

人的思想应该是与这个生存过程关联起来，这时真理对于这个生存中的主体才会表现为是真理。这就是祁克果的"主体真理论"。对于处于生存中的主体来说，真理并非客观的思想或知识体系本身。客观知识在主体的具体的生存处境中表现出的只是不确定性。尤其是个人需要在具体的处境下作出决断的时候，这种知识，由于其所表现出的不确定性，并不能成为个人选择的依据。只有当它所表现出的不确定性被具体处境下的主体用激情把握住的时候，它才成为已为这个主体所有的生存的真理。

正是这种生存论的思想，使祁克果成为20世纪存在主义哲学的先导。海德格尔在其早期的《存在与时间》一书的注释中，专门提出了祁克果的"生存"和"焦虑"观念对他产生的重要影响。当然，祁克果对存在主义哲学所产生的影响并不只是通过海德格尔，那一代的存在主义哲学家多数都从他那里受到或多或少的影响。虽然人们对他的主体真理论还有很多的争论，但基本上可以肯定的是，他所影响的生存哲学在20世纪的哲学领域中所产生的生存论的转向，确实是这个世纪在哲学领域中所取得的最重要成就之一。

2. 伦理领域中的思想

在伦理的生活中，人首次地经历到自己生活的真实。这种对于自己生存的进入，乃是通过伦理的决定实现出来。人在需要作出伦理决定的时候，遭遇到自己，遭遇到自己不能推卸的责任。因此，作出伦理的选择或决定，正是伦理阶段的重要特点。它不是审美阶段的自然延续。审美阶段最终乃是以人内心的所经历的绝望为其结果。由这种绝望进入到伦理的阶段，只能是一种"跳跃"的结果，即在似乎没有找到普遍伦理原则的基础上，"冒险"作出选择或决定，并因此承担这种选择的后果。减少这种"冒险"的最合理途径就是寻求和确认普遍的伦理原则。在这个意义上，可以说确认并遵循那种能够为最大多数人所认可的普遍伦理原则，是人自己的生存能够被认可的通常方式。因此，似乎可以认为，伦理生活的特点就在于对普遍伦理原则的遵循。

但就是在这点上，祁克果揭示出伦理生活所存在的悖论。

首先，普遍的伦理原则与个人具体的生存处境之间的冲突。人们总在试图找到具有最大普遍性的伦理原则。其结果就是，就如在康德的道德哲学中所表现出来的那样，伦理原则成为一种形式化的原则。这表现出伦理原则的理想性。当这种普遍的原则被用于个人的具体生存处境中时，它不能不表现出其不确定性。从而表现出伦理生活中理想与现实的尖锐冲突。其次，个人真的有能力来遵循普遍的伦理原则吗？祁克果对于康德道德哲学的一个重要批评，就是批评了康德的这样一个预设："应该就包含着能够"。在祁克果看来，一般的伦理学中都忽视了个人在具体生存处境中必然会遇到的一个重要现象：人在不能达到理想的道德原则时所产生的罪感。而人在达到伦理原则方面的无能为力，在祁克果看来，也从另一个方面反映出人自身的罪性。这里揭示出一般的伦理学视野上的局限：在一般伦理学看来，罪不在其讨论范围内，即不能把人自身的罪性纳入到伦理抉择的问题中来。但伦理抉择的问题却不能不与此相关。

由于上述原因，伦理生活给个人带来的，并不是自己生存意义的实现，相反仍然是冲突与绝望。在这个意义上，宗教阶段对于人的生存就成为绝对必要的了。但对祁克果来说，宗教阶段同样不是伦理阶段的自然延续。即使是达到伦理阶段的较高境界，成为一个道德上的好人，它也并不因此就是宗教阶段中所要追求的基本目标。

祁克果在伦理思想领域中的一个重要贡献就是，伦理对于人的生存来说，其作用是有限的。自启蒙运动以来，正如在康德思想中所表现的那样，人作为人的基本意义都与其道德的方面关联起来了。理性主义者看宗教的根本意义就在于它对人道德本性产生的影响。但祁克果明确地说明，罪的对立面是信仰，而不是美德。这种将伦理与基督教分开来的观点，对于伦理学及神学都是一个十分重要的提示。使得人们反思自启蒙运动以来，理性主义的基督教思想基本上在把这种宗教的意义与道德关联起来的那种倾向。

3．神学领域中的思想

人们进入到宗教阶段的一个特点，就是要经历一个"信仰的跳跃"。当一个人经历到普遍的伦理原则与一个来自上帝的更高的诫命的冲突时，这种向宗教阶段的跳跃就可能发生了。这种跳跃乃是在一种极度的不安和战栗中经历到的。因为在宗教的这个阶段，人所依据的已经不是普遍的伦理原则，乃是在具体和特殊的处境中那"绝对"向个人的显明。在《恐惧与战栗》一书中，祁克果通过圣经中所记载的亚伯拉罕献以撒的事件，以非常打动人的文笔阐述了伦理阶段中原则的普遍性与宗教阶段中信仰的个体性之间的差异。

这种个人与"绝对"形成的个人关系，尤其是在一个理性和规范看来都满有冲突和不确定性的具体处境中，个人通过那激情与"绝对"建立起来的关联，成为祁克果在生存论意义上所说的信仰的含义。在这个方面，祁克果清楚地显明出路德宗教改革的思想对他的深刻影响。

因此这种信仰不是建立在历史事实的基础上，或者是理性证明的基础上。在祁克果看来，就人的生存角度说，信仰的跳跃与个人的激情有更直接的关系，而从另一个方面来说乃是上帝恩典的结果。在这个意义上，祁克果在《哲学片断》中强调说，第一代的信徒并不比再传的信徒有更多历史事实上的优势。

在神学上，祁克果的重要贡献就是让人们注意到历史和信仰的这种不连续性。这种不连续性同时表现为是人的思想、理性与信仰所关联的那位"绝对的他者"之间的不连续性。这个绝对的他者向人所表明的，在人的理性或规范看来总是悖谬的。

就是这种人与上帝、历史与永恒的"质的无限差异"的思想，非常深刻地影响了卡尔·巴特，以致这种思想为新正统派的神学奠定了基调。卡尔·巴特在其早期的成名作《罗马书释义》的序言中说明，如果说他有什么思想体系的话，那不过是对祁克果所说的人与上帝之间"无限的质的差异"的再认识。

当然，祁克果自己并没有一个完整的神学体系。另外，他的神学思想的表达也有他自己非常独特的方式。由于他对基督教的理解很多是在对黑格尔思辩哲学批判的基础上表达出来的，因此，他的基督教方面的思想，从一个侧面看，基本上是从一种生存论的角度表达出来的。这个角度关注的是对人自身生存性的描述，在这个意义上，他对信仰的论述，较多地强调了人作为主体的激情，这就难免给人一种阿明尼乌主义的色彩。表现出祁克果实际上仍然受到启蒙运动所强调的主体意识的影响。

对祁克果神学思想的另一个批评，主要是指他过于强调个人与信仰的关系，强调人如何成为一个单个的人。尤其是在宗教这个阶段，似乎没有表明人与人之间的相互关联。这给人一个印象，似乎他的思想有明显的个人主义的色彩。这种批评并不是没有道理的。确实，祁克果个人的生活，以及他作品的主体，基本强调的是人怎样成为个体的人，而对个体之间的关系，则谈论的较少。

导　言

祁克果思想的主导问题

祁克果（Soren Kierkegaard，1813－1855）[①]是19世纪著名的宗教思想家，他对20世纪的哲学与神学思想都产生了十分重要的影响。他1813年出生于丹麦的哥本哈根，1830年进入哥本哈根大学攻读神学与哲学。1840年取得神学学位。同年与瑞吉娜订婚，但很快解除了婚约。这期间他经历过重大的思想变化，最终决意要成为一个宗教作家，并开始了他多产的写作生涯。1846年他曾想结束自己的写作生涯，去乡村做一个牧师，但因与《海盗报》的争论使其放弃了这个念头。在后期，他曾以真理的见证人为主题，激烈地抨击丹麦的国家教会。祁克果1855年在哥本哈根去世。

第一节　祁克果对其时代的批评

在19世纪的哥本哈根、祁克果所生存的处境中，祁克果

[①] 国内常译作克尔凯戈尔、克尔凯郭尔或基尔克果等，这些都是按照英语或德语的发音进行中译的结果，本文使用祁克果这个译名，是因为这个译名更接近于丹麦文的发音。

突出地遭遇到来自两方面因素的困扰,其一是他生活于其中的所谓"基督教世界"(Christendom),其二就是在当时思想界占统治地位的黑格尔思辨哲学(Speculative philosophy)。这两方面的因素构成了祁克果的思想得以生长的思想背景。它们不仅是他终生与之对话的对象,同时也是他激烈攻击的对象。

关于基督教世界,祁克果对其有过很多的描述。我们在这里只是简单地提到。简单地说,它是指所谓的基督教国家或基督教社会,在这个社会中每个人都自然而然地称自己是一个基督徒:

> 这里许许多多的人们,从其生活的各个方面来看,有着完全不同的生活方式,这是随便一瞥都可以肯定的。那些从未去过教堂的人,从未认真地思索过上帝,除了在诅咒时才提到上帝之名的人;那些从未想过在自己的生活中还有对上帝的责任,不是坚持世俗的职责就是最高职责,就是认为这也是完全无必要的人;还有那些甚至坚持认为上帝根本不存在的人,都称自己是基督徒,并被国家看作是基督徒,在教会举行基督教葬礼,作为一个基督徒被赋予永生。[①]

就是说,基督教在欧洲经历了1800年后,已经成为一种文化传统,一种社会建制,一种生活习俗,甚至一种名义上的东西。在祁克果看来,当一种信仰蜕变为仅仅是一种习惯观念,或者是名义上的标签时,它便让人们生活在一种虚假当中。他认为当时整个的基督教世界就是生存于这样一种可怕的虚假或

---

① PV, p. 41.

幻象中。这种幻象表现在：当某个人称自己是一个基督徒时，他并不知道这意味着什么；或者他可能在思想上知道这意味什么，而在实际生存中所做的却是另一个样子。①

这种思想与生存上的不一致，在没有被人们所认识到的时候，表现为人们在思想上对思想与生存（existence）的混淆。在祁克果看来，这是当时流行的思辨哲学——它坚持思想与存在的统一——给人们带来的影响，似乎普遍观念才是真实有意义的，个人的生存活动都是个别和偶然的，都在思辨哲学所追求的"科学性"之外，而思辨哲学的体系已经完成了：

> 学识越来越不再是对生存的原本表达：没有什么东西会被经历，没有什么东西还会发生，事情已经结束。思辨思想的任务只是为那些特殊的概念找到标签，从方法论上对它们进行分类。人们不去爱，不去相信，不去行动，但他知道什么是爱，什么是信念，这只需要找到它们在体系中的位置就行了。②

因此这里所表现出来的是，思辨的思想替代了具体的生存。

当然，从其时代的具体处境来说，祁克果对于这种替代的分析要具体和深刻的多。这也是他对他那个时代所作的主要批评之一。如果我们主要从方法上着眼的话，那么我们就会看到，他把造成这种问题的原因主要归之为思辨哲学的方法。在其后期的《今日的时代》这本书中，他从另一个角度指出，思辨哲学所使用的辩证法总是能够让人不断地从新的角度来解释一个事物；在人们作出决定的前一刻，这种反思总是能够把事

---

① PV, p. 41.
② CUP, p. 344.

物翻转过来。于是，事物多种的可能性出现了；人们想要的解释或出路找到了；事物和其反面之间的质的差别就似乎消失了。

从这个方面来说，在祁克果看来，思辨哲学的反思方法尽管建立起了知识的体系，尽管在这个体系中事物依然存在，但它却掏空了其所有的意义。它使事物的质的差别模糊了。似乎一切都成了不同的说法而已。事物这种质的区别的消失，用祁克果的另一个表达来说，即事物的内向关系（the inward relation of things）的消失。对立的事物似乎还在，但其内在的关系已经被替代；一对相伴者仍然站立在那里，彼此看着对方，但其间的相互关系已经改变了，现在更像是一种游戏关系。由于思想与存在的统一关系，事物间这种关系的改变，不仅仅反映在思想的层面上，同时存在于人的生存层面上。就祁克果所举学校中教师与学生的例子来说，教师已经不再是严格地传道与教训，学生也不再是敬畏地接受或请教，而两者更像是坐在一起在轻松地探讨一些有趣的教育方法的游戏。

真实的人被从这种关系中抽离出来。思辨哲学以"客观的"反思方法，不仅把个人（作为思想者）从其思想上置于"旁观者"的位置上，同时将这个人（作为具体生存者）从其生存上置于"旁观者"的位置上。或者更严格地说，把个人置于所谓"众人"或"我们"的位置上。人成了"第三者"，一个旁观的人。这是一种思辨思想普及为一种流行观念或"大众"思想时所难逃的命运。"我们"成为每个人说话的方式：

> 这种普遍抽象的观念在日常生活中越起重要作用，就越难以使人们把自己认同于种群，并且说'我们，我们的

时代，19世纪'，转变为一个生存着的个人。①

生存中的个别人消失了，存在着的只是抽象的——被祁克果称之为怪物的——"众人"或"我们"。

因此，祁克果在其生存的处境中所突出地遭遇到的两方面的困扰因素在这一点上是紧密相关联的：个人越来越失去自己，消失在被思辨思想或普遍观念所支配的"众人"或"公众"中。

祁克果正是从这样一个角度激烈地批评了他所在的那个时代。其实，如果说祁克果的思想走在了他所处的时代之前面的话，那么他所批评的也就是我们仍然处于其中的这个现代。祁克果对这个时代的总体批评就是，这个时代是一个理智和反思（更恰当地说是算计）的时代。这个时代长于算计，而缺少激情；长于反思各种可能性或途径，却缺少果敢的决断；长于各式的广告和宣传，却缺少实在的行动。按照祁克果的说法，如果说在一个激情的年代，热情是其统一的原则的话，那么在当今这个反思或算计的年代，妒忌（envy）就是其统一的原理。不过，祁克果提醒我们，暂且不要从伦理的角度来理解这个词。妒忌是从反思中涌现出来、并且是让人陷入到反思中的一种力量。它反映出反思在人的生存中所表现出来的自我中心性。它不仅在个人的层面上反映出来，同时也在社会的层面上反映出来。它在这两个层面上把人束缚或封闭起来。其结果在道德上就表现出"怨恨"来。用祁克果的比喻，就像是被封闭的空气最后成为毒气一样。

在人的实际生存中，被这种"怨恨"支配的反思所产生的

---

① CUP, pp. 354-355.

一个特有的现象就是"拉平"现象。所谓"拉平"是超出个人行为的一种抽象的社会性力量，它是一种无声的、算计的和抽象的控制，它窒息着个人所有的行动，它支配着的个人的思想习惯："拉平不是一种个人的行为，乃是在一种抽象力量手中所玩的反思游戏。"① "拉平"是抽象胜过个体的力量，是反思藉着抽象力量之手完成的工作。没有哪个个人能够控制这个力量。相反，个人则在这种力量的掌握之中。这种力量在日常生活中是以"公众"的名义表现出来，至少在人们的表达上是这样的。在这个意义上，"拉平"是以"公众"的名义进行的："公众是这种拉平力量的实际主人，只要存在着这种相似性的拉平，就一定有某种东西在做这种'拉平'的事，但公众是一种可怕的非真实存在。"② 按照祁克果，这种"拉平"现象造成的结果就是：在抽象的"拉平"力量中所剩下的只是群体中的不同"角色"，占据在其中的个人都是可以替换的，无论是谁都会以"我们"的名义表达这个角色所具有的意见。个人已经不再属于上帝、他的家庭、他的爱人、他的朋友、甚至他自己。他已经消失在"众人"之中。

祁克果指出，这种个人的消失，给这个时代带来的一个重要特点就是毫无罪恶感和缺乏个人责任。在这个意义上，"拉平"现象所造成的这种非人格化的匿名性，在祁克果看来，正是使当今时代败坏的根源：

> 这种匿名性，作为对抽象性、非人格性、无悔过感以及无责任感的最高表现，正是现时代道德败坏的基本

---

① TA, p. 86.
② TA, p. 91.

根源。①

这就是为什么祁克果把"众人"（crowd）看作就是"恶"（evil）②，并从多个方面对"众人"进行批评和攻击的原因。在现代社会中，"众人"可以以多种方式表现出来："公众"（the public）、媒体（the press）以及国家教会（the Establishment）等。在祁克果的一生中，这些都曾成为他的攻击目标。

祁克果在不同时期对"众人"的不同表现形式的批评，贯穿着一个重要方面，就是指出"众人"的虚幻，即其存在的不真实。当个人在某种浩大声势的"公众"或"媒体"面前自觉渺小时，或许他会认为某种"公众"群体能够有如此之气势，恐怕确有真实理由在其中吧？但祁克果则明确回答，这些都是"众人"所特有的幻象。他在"个体的人"一文中，具体地分析了这种幻象的虚假性。首先，"公众"表面上看像是一个有人格的整体，常以"人们"或"我们"的名义言说和行事，但这个"人们"或"我们"只是一个虚假的名称。理由是：它是一个非人称化的人称，它不代表任何人，"无人"对这种言说和行事负责。其次，人结成"众人"时才具有的那种勇气，如25个人在一起时所拥有的那种勇气，在人成为一个单个人时则消失殆尽，说明了这种勇气的虚假性。最后，"公众"所谈论的目标，常常是世俗性的，诸如在政治或经济上为多数人所拥护的目标等，却常被混同于个人的伦理或人生的目标。将前者等同于后者，表明了"公众"所谈目标的虚假性。

因此，祁克果给自己规定的一个终生性的任务就是：让人

---

① PV, p. 57.
② PV, p. 277.

们从"众人"的虚假中出来，成为一个具体生存着的个人，或者说成为个体的人。① 成为个体的人这个主题对于祁克果作为一个思想家（而非作为他自己）来说，"是最为决定性的主题"，② 人如何成为个体的人，或者在基督教的语境中说，人如何成为一个基督徒，成为贯穿他整个作品的一个核心问题，也是他决意作为一个宗教作家的目的所在：

> 我之所以决意作为一个宗教作家，是想做一个关注个体的人的作家，因为在这个范畴中（个体的人对众人）集中了整个的生活与世界观。③

我们把祁克果给自己规定的这个核心问题称之为"个体人问题"。这个问题在西方宗教和哲学思想背景中有其深刻的内涵和意义。如果说"众人"是一种虚假的存在，那么无疑，在祁克果看来，生存中的个体的人是比"众人"更为真实的存在，换句话说，生存中的个人是比以"众人"方式表现或言说出来的普遍观念更为真实的存在。

这种思想显然是对黑格尔哲学思想的一种颠倒。它也把我们引入到西方哲学思想中的一个更一般的问题，即"个体问题"（the problem of individuality）。在西方哲学史中，一个占主导地位的哲学观点认为，事物确实是以个别的方式存在着，

---

① den Enkelte 是祁克果思想的核心范畴。关于这个范畴的主要含义见本书第三章，实际它也构成了本书整个探讨的主要线索。英文将其译为"the single individual"，或者"that individual"。中文曾被译为"那个个人"，或者"单个的个人"。本书为与"个体性"或"个体人问题"等哲学上习惯的表达相一致，试译为"个体的人"，将其与通常意义上的"个人"形成对照。

② PV, p. 114.

③ PV, p. 37.

但寓于其中的普遍特性却占据着本质的地位,以至某类别中个别事物的区别只是现象或表象层面上的区别。然而,这种普遍被接受的观点实际上使得具体存在着的个别事物的"个体性"被普遍性所遮掩着。祁克果个体的人的思想线索使我们能够追问,使个别事物之为该个别事物的"个体性"是否只是现象层面上的?这是一般"个体问题"的最初提问形式。不过在这里,我们主要还是限于祁克果本人的问题方式,下面我将具体地分析其"个体人问题"在几个层面上的意义,来作为我们这个研究的导言。

第二节 从信仰论层面看其问题

围绕着祁克果"个体的人"这个范畴所展现出来的"个体人问题",向我们展现出三种可能的阐释层面。即信仰论层面的阐释、生存论层面的阐释以及自我论层面的阐释。

我们已经看到,祁克果思想的主旨是要在自启蒙以来的人文思想氛围中重新思索基督教对于人的意义。他因此突出地遭遇到与思辨哲学以及他所处的基督教世界的冲突。其实他对思辨哲学的批评乃是出于他对基督教在现代社会中意义的思索。作为与当时黑格尔系统化思辨哲学的反动,他对基督教的思索表现出其特有的生存角度:基督信仰与其说是一个思想或信念的体系,不如说是一种生存方式或过程。祁克果从这个角度看他所生存的世界,发现他所处的生活世界是一个整体化或观念化了的基督教世界。在这个世界中,每个人都自认为自己是一个基督徒或个体的人,然而实际却并非如此。对祁克果来说,人并非凭自然遗传天生就是一个基督徒,也不仅仅因为被所处群体（国家教会）认同而拥有这一身份。他认为自己全部著作的核心问题就是这个问题：人如何成为一个基督徒，成为一个基督徒的意味之所在。① 这个问题构成了他的思想的宗教背景。这就是我们从信仰论的层面上来看"个体人问题"时，它的一种表达。这个问题在他看来，与人如何成为个体的人是同一个问题。因此这个问题既可以看作是一个生存论的问题，也可以看作是信仰论中的问题。个体的人乃是基督教思想中的重要范畴："个体的人——从基督教的观点看，这是个决定性的范畴，对基督教的未来也将会成为决定性的"。② 对祁克果而言，日常意义上的个人（individ，即 individual）不同于这个"个体的人"（den Enkelte），就等于说一个个人并不自然地就是一个基督徒。

在上述问题的背景下，祁克果著述的一个重要目的就是"去激发，去邀请，去诱导许多人来通过这一条'个体人'的隘道"。③ 为了这个目标，祁克果首先在方法或文体上就力求能有此结果，他故而采取了非常别具一格的复调叙述文体或"间接沟通法"。具体体现为两个系列著作——托名著作和署名著作——的同步出版。这意味着对同一问题，他同时从信仰之外的感性、道德或生存论的维度，以及从信仰之内的维度对其作出论述。多个托名作者的同时登场使得读者不能也不必去决定是否跟随作者的观点，而是要靠自己去决定他自己应有的立场和观点。由这一点看，祁克果已经把自己在理论上的论述和个人（读者）在实践上的"个体化"关联起来（我们在第一章中

---

① PV, p. 8.
② PV, p. 121.
③ PV, p. 118.

会探讨这个问题)。

祁果克的一个重要托名作者是克里马库斯（Johannes Climacus），他基本上是站在信仰之外，从存在论的维度力图把基督信仰描述为一个生存过程，所以托他名的著作基本是哲学性的著作。而另一个重要的维度乃是信仰的维度，即站在信仰之内的角度来阐述同一个问题。这个维度的主要托名作者是安提-克里马库斯（Anti-Climacus）。托他名所写的著作主要是从基督教角度写作的著作。在本书中，所谓从信仰论层面对"个体人问题"的考察并不是指这后一个维度，即安提-克里马库斯的基督教的角度。本书基本上是维持在生存论的平台上来讨论"个体人问题"。而在这个基本的平台上，本书所谓信仰论的层面乃把信仰作为一种生存现象来看其与个体人之间的关系。借助于克里马库斯，祁克果所做的一个重要工作就是力求在生存论的语境下来讨论"信仰"在生存论上的含义。就本文所讨论的"个体人问题"而言，克里马库斯的论述一方面能够使我们把曾被西方哲学传统所忽视，但对个人生存又极具重要性的信仰作为一种现象收入到视野；同时又使本文就"个体人问题"的讨论保持在同一个生存论（存在论）语境（平台）成为可能。

信仰这个词常常只被看作为名词。在古典哲学中，信仰基本上被等同于一种不完全的知识或信念。而在日常人们谈论到"信仰"一词时，首先关注的问题就是信什么（what）。而克里马库斯从个人生存的角度，更多地把信仰看作是个体的人生存中的某种状态或过程，因而显露出信仰的动态层面：个人怎样信（how）。在他看来，这两个方面无疑是关联在一起的，并且"怎样"（how）比"什么"（what）更重要。这是由个人首先是在生存着这个出发点所决定的。并且正是这个"怎样"信的过程使个人成为个体的人。具体地就"宗教B"来说,信仰源自于个人在生存中与一个和某历史事件相关的"神－人"(基督)的遭遇。克里马库斯在存在论维度上把这个"神－人"称之为Paradox(悖谬)。因为它既是无限者又是有限者,或说是无限者进入到有限者(基督教所言道成肉身)。它不能为常人在日常生活中形成的"合理说法"所接受,也不为个人的理性所理解或逾越。

人在生存中遭遇这种Paradox(神－人)的存在是宗教B的主要特点。按照祁克果专家斯蒂芬·伊文斯(Stephen Evans)的概括,Paradox(神－人)这个观念的提出可以有两个重要作用。首先,Paradox(神－人)确保了这种途径具有生存的品格(existential character)。就像康德提出的二律背反一样,个人的理性和经历在遭遇Paradox而发生断裂后,它能引导个人从思辨中转向更具实践性的生存。其次,Paradox(神－人)保证和加强了人的主体性及其自由。成为一个基督徒或个体的人不是一个自然而然的过程,而是要经过对Paradox(神－人)的一种亲历,在其面前作出一种充满激情的选择。[①]

除了从上述功能方面让我们能看到Paradox(神－人)与个人生存之间的关系外,从个人遭遇它的过程角度,我们更能进一步领会到Paradox(神－人)与人之成为个体人的相关性。当个人刚遇到Paradox(神－人)时,个人首先经历到一种冒犯(offence),这是由于个人从诸如"合理说法"、理性或伦理

---

① C. Stephen Evans, *Kierkegaard's "Fragments" and "Postscript"——The Religious Philosophy of Johannes Climacus*, pp. 240–243.

的规则等自身中具有普遍性特性的因素出发,不能理解 Paradox(神-人)而造成的。但一旦当这些普遍性的因素被拿去,个人"赤裸的"自己与 Paradox(神-人)有一种直接相关时,个人在一种激情之中会达到与 Paradox(神-人)的和解。信仰就是个人在生存的激情中与 Paradox 达成和解的状态。这时个人的生存就是一种拥有"自己"的本真生存状况。

由此我们看到,信仰作为一种生存状况,与个人的"个体化"过程有极为紧密的关系。祁克果在《恐惧与颤栗》中,对此种关系作出了概括:"信仰即是这样一种悖论,个体性比普遍性为高;请记住,其表现形式为,该运动重复不断,致使作个体的人在进入了普遍性之后又将自己作为更高的东西与普遍性分离开来"。[①] 就是说每个人都是抱有普遍性目的的个人,通常在普遍性中表达自身和安定自身,[②] 但在遭遇 Paradox(神-人)之后,这种普遍性遇到挑战。

总之,在我们所讨论的"个体人问题"方面,祁克果思想的突出特点是把"信仰"收入进我们的视野,信仰作为人生存过程中的一个重要层面,与个人是否能够活出真正的自己,即成为一个个体的人,有十分密切的关系。

第三节 从生存论层面看其问题

现代以生存论为特点的存在论的发展,为我们进一步趋近"个体人问题"提供了新的角度,从而使个体人问题以更明确

[①] 克尔凯郭尔著,刘继译:《恐惧与颤栗》,贵州人民出版社 1994 年版,第 31 页。
[②] 同上书,第 30 页。

的方式展现在人们的面前。这种新进路的一个重要开创者就是祁克果。在前面我们简要概括的祁克果对当今时代的批评中，我们看到他思想的一个重要层面就是生存论的层面。这个层面构成了"个体的人"这个范畴的一个主要层面。

　　如果说祁克果思想的主要问题就是人如何成为"个体的人"的问题，即如祁克果所表述的，他的目标就是让人从"众人"中出来，成为具体生存中的"个体之人"的话，那么，这里的"众人"和"个体的人"都是生存论上的范畴。正像前面所说的，"众人"不是指某个范围或某个阶层的具体群体，它是指人的一种生存方式；同样，"个体的人"也是人的一种生存方式。日常生活世界中的个人，尽管在生理、社会、政治和伦理等方面可以看作是个人，但其生存方式可能仍然是"众人"的方式，而并不等于已经成为"个体的人"。因此，由"众人"方式向"个体的人"的转变是生存方式的转变。这就涉及到从生存论的层面上来理解祁克果提出的"个体人问题"。确实，对于一般的人来说，一个个人却是以"众人"的方式活着，这是不容易理解的。或许稍微考察或借用一下海德格尔的表达，更能够帮助我们来理解祁克果在这里的思想。

　　我们知道，海德格尔对现代生存论的发展作出了很大贡献。而海德格尔的思想在很多重要的方面都直接源自于祁克果。因此，在海德格尔生存论中所发展出来的某些主题可以看作是对祁克果思想中尚未明确出来的东西的一种明确表达。其实，海德格尔颇有创新因而影响深远的生存论，对于我们正在讨论的祁克果的"个体的人"就是一个新的更加明确的表达。本书认为，在海德格尔的《存在与时间》中也有一个关于个体之人的线索，它与祁克果的思想是息息相通的。所以，这里我们可以通过海德格尔在这个问题上的表述,来体会祁克果"个体的人"在生存论层面的某些含义。

在海德格尔的《存在与时间》这本书的一开始,海德格尔就论证了 Dasein(此在或亲在)相对一切其他存在者所具有的几层优先地位。这个优先地位使得对 Dasein 的生存论分析成为所有存在论分析的基础。[1] 在这个意义上,海德格尔的思想与近代以来的转向有相似之处,即"个体人问题"首先是"个体的人"或具体人的"个体性"问题。但我们马上会看到该问题在存在论语境中具有新的内涵。

海德格尔思想的一个重要区别就是所谓"存在论区别",即"存在论上的"与"存在者状态上的"区别。[2] 把此区别用在对 Dasein 的生存论分析上,海德格尔得到这样的结论:尽管首先和源初地说来,个人在日常世界中的存在者状态上是具体的人,有其具体的现身情态,但在存在论上,他却处于与他人杂然共在的生存形式。海德格尔将这种杂然共在名之为常人(Das Man 也译为众人或人们)。这里,海德格尔用更加生存论性的述语把祁克果的"众人"含义表述出来,并对它作了更加清晰的分析。首先,这里要注意的是:"杂然共在不能被理解为许多'主体'出现的集合结果。"[3] 它并不只是指具体的人群或群体,它是在存在论层面上揭示出来的人在日常生活中的存在方式。这个意义上,传统语言中所表述的人的实体或实在

---

[1] 海德格尔,陈嘉映、王庆节译:《存在与时间》,三联书店1987年,第17页。英文译本参见 Being And Time, tr. by John Macquarrie & Edward Robinson, Harper & Row, Publishers, 1962. (以下只给出中译本页码)。

[2] 海德格尔:《存在与时间》,第14页。

[3] 同上书,第154页。

此时则指着人的这种生存方式。① 但这个日常常人方式的特点为：它失去了人称性，以一种"公众意见"呈现并支配着人们。每个人都淹没在这种公众的说法中而不知其究竟出于"谁"："这个谁不是这个人，不是那个人，不是人本身，不是一些人，不是一切人的总数。这个'谁'是个中性的东西：常人"。② 这种无人称性至少造成了两个后果。首先，在陷于公众意见中时，个人常把尚且晦暗不明的东西当成不言自明人人都已明白的东西；其次，每个个人在其日常生活中的责任都被容易地推卸在常人身上。③ 这些特征使得常人的生存方式表现为是非自立和非本真性的方式。换句话说，个人所活出的并非是"自己"的真实。这种存在方式是 Dasein 惟一的存在样式吗？

这就涉及到海德格尔在《存在与时间》中作出的另一个重要区别：存在有本真与非本真两种样式的区别。具体说来，Dasein 的本真生存样式或维度是相对 Dasein 的一个重要特性——向我属性（mineness）——而言的。Dasein 的这种人称性含义是指："这个存在者为之存在的那个存在，总是我的存在"。④ 因此，本真生存样式之真实是面对"我自己"而言，即将自己的生存可能明白地置于惟有"我"才有的死亡和良知面前才有的那种真实。这种生存样式与常人的生存样式正好相反，个人惟有从常人中脱身，才可能面对自己。在这样一种语境中，"个体人问题"可以表述为：Dasein 如何从其日常的杂

---

① 海德格尔：《存在与时间》，第 144 页。
② 同上书，第 155 页。
③ 同上书，第 157 页。
④ 同上书，第 53 页。

然共在——即常人的非自立非本真的生存维度中——转向个别化的("我自己")本真能在？这个问题显然与祁克果所提出的问题有相通之处。

第四节　从自我论层面看其问题

在祁克果所提出的"个体的人"的问题中，自我论的层面也是一个很重要的层面。这具体地体现在，我们后面会看到，祁克果经常用"内向性"来规定个体的人。而"内向性"与他对自我的理解有密切的关系。不过，在我们指出个人自我的觉醒及认同与"个体人问题"的关系之前，首先让我们来看自我的结构以及自我认同所遇到的问题。那么，什么是自我？按照祁克果在其《致死的疾病》中的表述，他把人的自我规定为：

> 人是精神。但什么是精神？精神是自我。但什么是自我？自我是一种自身与自身发生关联的关系，或者是这关系与自身发生关联形成的关系。自我不是这关系，而是这关系与它自身的关联。[1]

在祁克果看来，人是由有限与无限、暂时与永恒、自由与必然这两元因素构成的综合体，是这两者之间的关系。然而，仅以这种方式来思考人，人还不等于一个自我。自我是这种两元关系与自身的关联，因此它是一种关系与自身形成的关系。这种关系的关系相对两元关系来说构成了第三者。

---

[1] *The Sickness Unto Death*, trans. Howard V. Hong and Edna H. Hong, Princeton University, 1980, p.13. 中文参见张祥龙等译：《致死的疾病》，中国工人出版社，1997年版。

在自我的这样一个结构中，我们会看到多重相互的关联所构成的不稳定因素。首先两元因素的冲突所造成的其间关系的不稳定会影响到其与自身建立起的作为第三者的关系；反之，作为第三者之关系的关系也会对两元间的关系产生影响。因此，如果要把自我看作是这样一种两重关系的结构的话，那么，这种结构是一种不稳定结构。

从祁克果对自我的这种规定中，我们可以看到这样两个方面的意义。首先，如果把自我看作是个人与自己形成的关联，是个人在生存中之内向维度的展开的话，那么对祁克果来说，个人的这种内向维度并不是现成存在着的。祁克果对个人生存中审美阶段的描述，正说明了这样一种生存状况。因此，从生存论的角度看，它存在着一个觉醒或开启的问题。其次，正如祁克果在其《致死的疾病》一书中想要力求表明的，个人与自己发生关联所形成的关系是一种非自立的关系，具有某种被动性。换句话说，这种与自己的关系不管是否依赖于一个他者，总有可能是处于一种错误的或扭曲的关联之中。这种错误关系的具体表现就是个人对自己的绝望。在这个意义上，自我作为个人与自己的关系就存在着自我认同的问题。

从前面祁克果对当今时代的批评中我们看到，在祁克果看来，现代人的一个重要生存方式就是"众人"的方式。这表明个人并没有建立起与自己的关系，或者按我们今天的表达，就是个人的自我尚未觉醒。在日常的生活中，个人的存在或存在意义首要地承载在个人与他人的关系中，而非与自己的关系上。正像祁克果指出的，当这种关系被抽去了它的实质性内容时，个人便只是从其社会的角色中来理解自己生存的意义。"众人"或"人们"的现成模式成为个人解决或逃避其两元因素之冲突的途径。当个人离开了这种角色，不再能够从这种角色来认同自己；或者没有现成的规范可以效仿，因此不再能够与"众人"或被"人们"相认同时，个人就会突出地遭遇到自我的认同问题。"我"是谁？这个"我"所做的选择有合法性吗？可被他人接受吗？这是个人与自己建立起作为"第三者"的自我关系的开始。

传统西方哲学在涉及到对人的认识时，并没有像这样明显地突出个体在自我认同上所遇到的问题。因为无论是古代的存在论还是近代的认识论，哲学家们都习惯于从两元的角度来理解人。在认识论的框架中，人的这个自己不仅被客观化和现成化了，而且这个自己总被等同于人之中的某一方面的因素。在笛卡儿那里，"我思故我在"表明，"我"之为"我"，是由于"我思"，"我"被等同于以"思"为特点的理性。对于经验论者来说，"我"被看作是以简单观念或印象为特点的"感觉"方面的因素。从十八、十九世纪浪漫主义者的眼光看来，这个自己更真实地体现在人的情感或想象力之中。而在上个世纪，越来越多的人愿意把潜意识中的本能当作是自己的"本我"。可以说，这些因素都是对抽象的人自己的某种认识，人作为个人与自己形成的"自我"关系尚在人的视野之外。

和上述认识论层面的线索相比，祁克果关于自我的观念表现出其层面的转换，即它来自于个体生存论的层面。从这个生存论的角度来看，个人自己是作为一个"整体"进入到个人的视域中的。首先，这个所谓的整体具体地体现在它是人所能够分析出来的那些因素——诸如理性或本能、永恒与暂时等等——的综合，是这些因素之间构成的关系，而非任何其中的一个。其次，正是在这些因素的冲突中，例如在理性与肉体的冲突中，这个整体具体以某种道德解决或伦理决断的方式进入到眼帘中，即与自己发生关联。在生存中的"这种解决"（而不是另一种解决）构成了现实的"我"之为"我"。这反映出了生存论的视角。而最后，与这个生存角度关系更加密切的是，如果这个综合体（关系）能够以某种道德解决或决断的方式与自己发生关联，这也并不是现成的。只有当这种综合体作为某种行事或决断的方式与当下的规范相比，具有一定的特殊性或个别性时，即它会为个体所关切或导致某种不安时，这种与自身的关系才有可能开启。其实，祁克果所描述的人的审美阶段的生存，体现出的正是个人在这种内向性维度未开启前的生存状态。在祁克果的描述中，审美的阶段可以表现为两种表面上似乎完全不同的方式，即可以表现为"直接性"的方式，亦可以"反思性"的方式表现出来。因此审美阶段的特点并不像我们有时误解的那样，似乎只用"直接性"就能够完全刻画。黑格尔主义式的那种"反思性"思辨同样也是审美阶段的一种重要表现。因此，严格地说，审美阶段的基本特点是由这两种方式所拥有的共同特点所决定，这就是缺乏决断。缺乏决断意味着，个人面向自己的内向性维度尚未开启，即个人尚未有自身的觉醒。

如果个人自我的觉醒是与自己某种具有特殊性的决断关联起来，或者说因其与当下规范的某种差异而被个人意识到的话，这表达出个人与自己发生的自我关联具有某种被动性。这种被动性具体地体现在，当个人自己因这种具有特殊性的决断而进入到个人的视野中时，这个自己是以某种个人所不愿意的不安或绝望的方式被意识到的。这突出地表现出自我关系中存在着一个自我认同的问题。

使个人得以与自己关联起来的道德甚至宗教决断的特殊性或个别性，正表明其"依据"或合法性尚待确认。在这个意义上，个人与"我"的关系是在对自己质疑的基础上关联起来的。"我"如此解决的"依据"何在？"我"如此决断的"合法性"何在？这种疑问隐藏在个人所经历到的不安或绝望中，并推动着个人去尽可能地回答这样的问题。正是这个问题将个人与自己关联起来。在这种自我关联中，个人自己从一开始就是有待确认或认同的。这一点也把祁克果的个体生存论与古典认识论的框架区别开来。"个体人问题"在这里乃体现为个人的自我认同问题。其实在祁克果看来，个人成为"个体的人"就意味着个人与自己建立起来一种稳定的自我关系。在这个层面上，"个体人问题"与现代人的自我的问题关联在一起。

第一章

祁克果托名作品的意义

祁克果一生著述十分丰富，仅生前发表的著作及小册子就达 30 余种。他去世后人们整理出来的《日记与文稿》手稿达万页。如果我们考虑到这些作品主要是集中在 1943 年他发表第一部著作《或此或彼》到 1955 年他去世这短短的 12 年时间中写出来的，那么他发表和留下的文字之丰富、浩繁，真是罕有人能与之媲美。按 1964 年出版的《祁克果全集》丹麦文第三版，祁克果的著作计有 20 卷，另有 10 余卷日记与文稿。而按即将出齐的英译普林斯顿大学修订版，祁克果的著作计有 26 卷，另有 7 卷日记与文稿。

本章第一节在对祁克果作品进行分类的基础上，会反思人们阅读和研究祁克果作品的几种途径，并确定本书之研究所要确定的途径；后两节将具体地分析其托名方法与他所确立的使人成为个体的人这个目标之间的紧密关系。这也是我们在这里考察他的托名作品的主要意义所在。祁克果不只是在其作品中向人们谈论到个体的人，他不只是试图让人们知道什么是个体的人，他同时还希望读者在其作品的阅读上实际地操练为个体的人，或者换句话说，只有愿意成为个体的那些人，才能真正读懂他的作品。而这都与他作品的结构及特殊的风格紧密地联系在一起。

第一节　祁克果作品的分类

　　祁克果的著作不仅数量丰富，而且从内容到写作的风格或文体可以说是变化纷繁。这使得人们对他作品总体的把握显得十分困难。总体上来说，如果从所涉及的内容上对他的作品给予分类，那么按照祁克果自己在《作为一个作家我的作品的观点》中的划分，他的著作可分为三类。第一类是"审美的"作品，包括《或此或彼》、《恐惧与颤栗》、《重复》、《不安的概念》、《序言》、《哲学片断》和《生活道路的诸阶段》；第二类是"伦理－宗教的"作品，包括多册《造就讲章》、《爱的德行》《基督教讲章》；在这两类中间的是《非科学的最后附言》，它既非审美的，也非宗教性的著作，祁克果本人并没有给它归入某种类别，只是将其看作由前一类到后者的重要转折。① 我们知道，他在哲学层面的思索对他的这种转折起到了十分重要的作用，因此我们可以把这中间的一类归为哲学的。祁克果对自己作品的这种划分基本上依据了时间的因素，即早期是审美作品，中期是哲学著作，晚期为宗教性著作。由于《观点》写于1848年底，所以未能涉及后来出版的《致死的疾病》和《基督教中的实践》，从内容上看，这两本重要的著作可以归于第三类，但这两部作品均托名于安提－克里马库斯（Anti-Climacus），由其与克里马库斯（Johannes Climacus）的关系，它们也未尝不可归于第二类。

---

　　①　PV, p. 31.

从作品的形式上，祁克果的作品可以分作两类，即托名作品和署名作品。前者基本上涵盖了审美的以及哲学的著作，而后者则主要是宗教性作品，尤其是关于基督教信仰的多篇《造就讲章》。这里我们会看到祁克果作品结构的一个十分突出的特点，也是他一开始就刻意安排出来直至其去世始终未变的特点，这就是其作品的复调性。从一开始，每出版一部托名作品，祁克果一定会同时出版一本与之相配的署名作品。他的第一部托名著作《或此或彼》于1843年2月出版后，同年5月祁克果就出版了与之相配的署名作品《两篇造就讲章》。10月出版《恐惧与颤栗》，12月就出版了与之相关的《四篇造就讲章》。1844年6月同时出版了《不安的概念》及相应的《三篇造就讲章》。1845年8月同时出版了《生活道路的诸阶段》和与之相配的《与想象处境相关的三篇讲章》。就是在1849年5月《或此或彼》再版时，祁克果还在为要出版何种与之相配的署名作品而发愁，"如果没有什么作品与之相配的话，就永远不会让《或此或彼》再版"。① 结果是在《或此或彼》再版的同月同日，祁克果发表了其署名的《野地的百合花与天上的飞鸟》。祁克果之所以追求其托名作品与署名作品出版的同步性，或其作品在总体上能够呈现双系列的复调性，有其深刻的思想用意。简言之，即与其间接交流的思想相关。对他而言，托名的作品是间接性的，署名的作品是直接性的，但它们实际是围绕着同一个目标，即祁克果所言的宗教的目的，或者更具体地说，就是使人成为个体的人的目标。对于这个目标，仅使用其中任何一个系列都不可能达到目的。在这个意义上，祁克果认

---

① PV, p. x.

第一章 祁克果托名作品的意义

为这两个系列的区别不过是,一个是他左手写的,而另一个是他右手写的。①

就托名作品而言,可以说又有"全托名"和"半托名"之分。一般说来,早期的审美作品基本上是"全托名"的作品。所谓"全托名"作品意指无论是该作品的作者、编者还是出版者都假托他人,如《或此或彼》第一卷作者为 A,第二卷作者为 B 或乔治·威廉,编者则是维克托·埃里米塔(Victor Eremita)编。而"半托名"作品多为中期的哲学作品,这些作品的作者尽管不是祁克果,但他或者是编者,或者是出版者。如《非科学的最后附言》的作者是约翰尼斯·克里马库斯,出版者为祁克果。我们会注意到,凡托名克里马库斯或安提-克里马库斯的作品——后者的作品也可以不被看作是哲学作品,祁克果均或者是出版者,或是编者。如《基督教中的实践》,作者是安提-克里马库斯,编者则是祁克果。总体说来,"半托名"作品相比"全托名"作品而言,与祁克果自己的思想关系要更密切一些,或者说祁克果愿意为它们负起更多的责任。

除了对上述已发表作品所作的分类外,祁克果留下的大量日记与文稿今天也构成了他全部著作的一个重要类别,是其思想遗产的重要组成部分。尤其当人们想了解祁克果在托名作品中想要表达的思想含义时,或者与托名作者的观点相对照,人们想要了解祁克果自己对此问题的看法时,祁克果的日记是人们惟一能够参照的依据,它给人们留下了解开这个思想迷宫的钥匙。

---

① PV, p. 193.

我们当如何看待祁克果的作品这一巨大的思想矿藏呢？无疑对其作品的看法，与人们对祁克果本人的认识紧密相关。在祁克果去世半个世纪后，当这个思想矿藏逐渐为人所发现和挖掘时，随着人们对祁克果本人理解的不同，人们阅读他的作品的方式也会不同，同时对其作品的侧重亦不同。美国学者戈文斯（David J. Gouwens）分析了历史上人们阅读祁克果的不同角度。[1]

首先，最早一代的祁氏学者，如瓦尔特·劳瑞（Walter Lowrie），把祁克果的作品读成他的自传，他们尤其是以自传的眼光来看祁克果的托名作品，力图透过其中的"伪装"或隐晦，读出祁克果自己的生活经历，包括情感骚动以及思想挣扎，他与瑞吉娜·奥尔森（Regine Olsen）婚约的破裂，他与他父亲的思想冲突等。这种读法的基本前提是，祁克果作品是祁克果个人生活经历的间接交流。但正如泰勒（Mark C. Taylor）所指出的，这个前提的一个基本结论就是：祁克果自己的生存成为他作品的主要关注对象。不过，真如此吗？泰勒对此是反对的。[2] 祁克果自己也认为，"诗人"是需要开启生活经历中的"可能性"和"理想性"，但"其个人自身的现实则不是合法的文学财产"。[3] 我们下节会对此作出分析。

其次，在"二战"后存在主义流行以来，祁克果主要被当作"一种类型的哲学家"，其代表如科林斯（Collins）和汉内（Hanney）等，他们侧重祁克果的哲学著作，从中读到的是祁

---

[1] David J. Gouwens, *Kierkegaard as religious thinker*, pp. 3–13.

[2] Mark C. Taylor, *Kierkegaard's Pseudonymous Authorship: A Study of Time and the Self*, pp. 29–30.

[3] TA, pp. 98–99.

克果本人对西方传统哲学问题的某种立场和论证,尤其是从中找到了一种新的生存存在论的端倪,而将他的其他著作看作是次要的或不成熟的。这种阅读方式确实有它的重要意义。我们可以从祁克果对像海德格尔这样的存在主义哲学家所起的影响中,切实地看到这种阅读方式的重要。这种阅读的角度在我国的祁克果研究中也基本占据了主流。① 但如果把祁克果仅理解为这个方面,那么这种阅读方式的基本前提是:将祁克果等同于克里马库斯,并且将克里马库斯的著作当作是祁克果最主要的著作。这种看法显然和祁克果自己对其作品的看法有冲突,即没有重视祁克果所刻意安排的托名和署名作品双系列同步出版的用意。

第三,随着巴特以及"新正统神学"影响的扩大,作为"新正统神学"的肇始者,祁克果被看作是"一种类型的神学家"。典型的代表有路易斯·都普瑞(Louis Dupre)和阿诺德·卡姆(Arnold Come),② 他们更为重视的是祁克果的署名作品,或者是后期基督教类的作品,认为其中基本上谈论到几乎所有的神学问题,并对主要的神学概念都有自己的理解。不过,正如人们认为祁克果不是一个通常的哲学家一样,人们也认为他与一般的神学家有别,因此从神学角度去阅读他的人,主要是从历史描述的或比较的途径去研究他的思想,同时也注意到,其中所包含的强烈的辩证因素确实使其神学的思想难以和其对西方传统哲学思想的反思区别开来。

最后,在后现代的思想背景下,祁克果被看作是"一种类

---

① 杨大春:《沉沦与拯救》,人民出版社,1995年,第28-35页。
② Louis Dupre, *Kierkegaard As Theologian*; Arnold B. Come, *Kierkegaard as Theologian*.

型的诗人",这种角度可以被看作是对哲学读法的一种反动。在这个方面影响较大的有路易斯·麦凯（Louis Mackey）等，①他认为祁克果的作品基本上是文学的，并进而认为，惟有通过文学批评的途径，我们才有可能进入他的文本，否则就不会把祁克果作为祁克果来理解。然而，正如罗伯特（Robert C. Roberts）所批评的，祁克果作品的意向并不是指向他自己，而是指向读者。② 与此文学批评相关的解构主义的读法则走向了另一极端，即认为托名作者的使用为下述立场提供了理由：反对只有一种权威的读法。这种读法的基本前提在于：就祁克果的全部作品而言，不存在一个整体的作者意图。然而，这明显与祁克果的观点相悖。祁克果在《观点》中多次强调，必须将其作品作为一个整体来看，这也是他写作《观点》这部著作的主要原因。③ 这种支配了全部作品的整体性意图尽管不完全是他自己的事先设计，但它对祁克果来说却逐渐成为一个事实。

本研究把祁克果看作是一个宗教作家或宗教思想家，这一点正如他自己在《观点》中所自我认同的：

> 我过去是并且现在仍是一个宗教作家，我的全部著作都与基督教相关，相关于如何成为一个基督徒。④

因此，把他看作一个宗教作家，符合他自己对自己作为一个作家所具有的任务、责任或意图的概括。这里所谓"宗教"或

---

① Louis Mackey, Kierkegaard: *A Kind of Poet*.
② Robert C. Rorberts, *Faith, Reason, and History: Reading Kierkegaard's Philosophical Fragment*, p. 6.
③ PV, p. xiv.
④ PV, p. 23.

"宗教思想"主要是相对他思想及著述的目的、论述的方式或结构而言的。首先，正如祁克果自己所言，他全部著作不仅有一个整体的意图，而且这个意图是宗教性的，"因此整个作品，作为整体来说，由始至终是宗教性的，这点任何人都能看出来，如果他想看到的话，他也必会看到"。[①] 这种宗教性具体地体现在他全部著述所关心的核心问题就是个人如何成为一个基督徒。我们应当注意到他是生活在一个具有深厚基督教传统的文化氛围中，他的思想不仅不会脱离这个传统的背景，同时就他个人思想的意向来说，他正是要启蒙以来的人文思想语境中重新认识基督教的意义。其次，与上述整体意图相关，祁克果论述的方法是复调式的，即同时从基督教外（以克里马库斯为主的托名作家们）的生存（存在）论立场和基督教内（他自己或安提－克里马库斯）的信仰立场来关注这个问题。正是这种复调式的特点，使得祁克果既不纯粹是一个哲学家，因为他似乎还站在教内神学的角度说话；但他也不是一个一般意义上的神学家，因为他似乎又是站在生存论的角度来思想信仰；因而他只能被称之为是一个宗教思想家，"宗教"一词在这里便与教内教外的辩证关系关联在一起。它是祁克果从这个辩证的角度对宗教一般和基督教所作的论述。因此，从这个角度去看祁克果，则能更全面地把握其作品的整体结构。

在祁克果的复调论述结构中，一个很重要的维度就是他托名于克里马库斯的生存论的维度。它代表了祁克果思想中从哲学角度对宗教问题的关切和思索。从这种角度对宗教一般的思索和论述构成了祁克果的一般宗教哲学思想。祁克果将其称之

---

① PV. p. 6.

为对宗教 A 的论述。当然,在托名于克里马库斯的作品中,在生存论的层面上除了对宗教一般所作的论述外,更集中的论述是他对所关切的那种特殊宗教——宗教 B 或基督教——所作的论述。这个部分构成了祁克果宗教思想中核心的部分。从这个生存论的层面上看基督教,祁克果所关注的个人如何成为基督徒的问题就表现为个人如何成为个体的人的问题。这两个问题在祁克果的思想中可以说是同一个问题。限于本论文所关注的"个体人问题",本文会较多地偏重于托名作者克里马库斯的生存论维度。

第二节　祁克果托名作品的意义

祁克果与其作品的复杂关系主要体现在托名作品这个系列,祁克果与其托名作品究竟是怎样的关系,历来是分歧最多的地方。

在出版他的第一部著作《或此或彼》时,祁克果确实刻意地"伪装"了一番,甚至连其中不同作者的手稿都是请不同的人手抄的,因此《或此或彼》在发表后没人能猜测出他是真正的作者,直到祁克果自己在 1848 年专门为此作出说明后,人们才知道。在 1848 年发表的《非科学的最后附言》书后所附的"第一次也是最后一次说明"中,祁克果声明前几年所陆续发表的《或此或彼》、《恐惧与颤栗》、《不安的概念》和《生活道路的诸阶段》等七本书的真正作者是他本人,但他同时声明,这些托名作品与他"无关",它们只是各自托名作者所要说的话,就像文学作品中的人物所说的话并不代表作者本人的看法一样。他只在法学或文学的角度对这些作品负责。"这些东西的确是我写成的……但是，在托名著作中，没有一个词是我的……如果有人想要从这些书中引述某些段落的话，我希望并祈求，他能帮我个忙，不要引我的名字，而直接去引相关的托名作者的名字"。① 这样就出现了一个似乎矛盾的现象：一方面他专门声明他是这些著作的真正作者，另一方面，又郑重宣布其中的话不是他自己的。正是这个矛盾使人们在对他托名作品的理解上带来了分歧，不过，也正是这个矛盾关系使得他的作品同时展现出某种迷人之处。他小心翼翼地与自己的托名作者及其作品中的人物保持着距离，他生活在他们中间，他与他们对话，他也评判着他们。一方面他像是一位导演，在导演着一幕又一幕活灵活现的思想剧，另一方面，他又像是一位观众、舞台监督和评论家。

每当人们在阅读祁克果的托名作品时，总会遇到这样的问题：他为什么要用托名发表他的著作？对此，人们通常的解释可归为"伪装说"和"角色说"。科林斯在分析祁克果使用托名的原因或动机时，涉及到了这几个方面。科林斯认为可以从三个方面来考虑祁克果使用托名的动机。

首先，科林斯认为托名的使用是出于个人的动机，尤其是《或此或彼》、《恐惧与颤栗》及《重复》这三部早期著作，是祁克果以某种"伪装"的方式写给瑞吉娜·奥尔森的，希望能就解除婚约的事给出一种说法，并求得某种谅解。② 如果说在早期写这几部著作时确有这个实际背景，那么，在瑞吉娜出嫁后，这重因素也就微不足道了。但早期的祁克果研究者，如瓦

---

① CUP, pp. 626-627.
② James Collins, *The Mind of Kieregaard*, pp.36-46.

尔特·劳瑞等,由此推广开来,想要在祁克果的所有托名作品中读出他个人生活的经历。因此,这种作法对托名作品的一个自然结论就是:它们不过是祁克果个人生活的"伪装"表现。这个说法显然是片面的,不符合祁克果自己对此的说法。

其次,科林斯认为托名是出于对真理的表达和交流所需。按照科林斯,祁克果的生活是如此冲突,因而形成了如此冲突的立场和观点,以至他只能使用不同的托名作者,让他们个体化为不同立场的代言人,他才能表达出他所理解的真理的全部,从而与他人形成有意义的交流。这就是"角色说"的基本观点,不同的托名作者只是代表了祁克果某一方面的立场,而这些"角色"的全体才是一个完整的祁克果,才表达出祁克果自己的完整思想。如果"角色说"所指向的仍然是祁克果本人,他的冲突、部分或完整,那么在这一方面,它就仍与"伪装说"存在着同样的问题:没有指向读者,而这才是祁克果本人所祈求的。

就指向读者而言,科林斯所说的第三重原因或许是最为接近的,即宗教的原因。按照祁克果,他所处的基督教世界实际上生存于幻象中,即仍以审美的方式把握基督教的意义,在思辨的梦想与幻想中与善发生着关系,而在实际生活仍旧以习惯的方式为人处事。要想把处于这种思辨幻象中的人们唤醒过来,只能让不同的托名作者把不同的生存方式展现出来,才能使人们得以看见自己的处境,这就是所谓间接交流的方法,

> 不,一种幻象永远不能被直接地除去,从根本上说只能是以间接的方式。如果所有人都是基督徒不过是一个幻象,如果真要对此作点什么,那么就只能是间接地去作,不是由那些大声声称自己是不同一般的基督徒们来作,而

是由那些众所周知不是——甚至他自己也承认自己不是——基督徒的人来作。[1]

从最后这个方面看来,祁克果所以使用托名作者的主要原因不是出于他自己的原因,而是出于或指向读者的。他正是为了要拉开他自己与作品的距离,同时也是他与读者的距离,为的是不想让人们的注意力转向作者,转向作者的经历、兴趣、信念或观点,以免让作者的观点、声望或权威影响了读者的思考,因此才使用了托名的方式。按照美国学者威斯特弗(Westphal)的分析,[2] 祁克果这种让作者本人从文本中隐去的做法,可以引出这样两个结论:首先,作者不过是他自己文本的一个读者。祁克果自己就说:"我只是作为第三者来看待这些作者的,只是作为读者来了解他们作品的含义"。[3] 换句话说,托名性方法是拉开作者与其文本的一种手段,使作者的角度转化为一个阐释者,而非其意义的创始者。祁克果在其他地方也多次说到,他的作品实际成为"我自己的造就书",[4] 让他因为是这些作品的读者,而使其慢慢得到成长。其次,读者是这些文本的合作者。由于作者与文本距离的拉开,读者只能独自面对文本,独自去寻求它的意义,独自去寻求对它的理解。这种情况由于多个托名作者的出现而被加剧了。每个托名作者都表达了一种生存的方式,或者某种的立场与观点,这些立场往往是相互冲突的。重要的是,没有一个所谓"客观"或

---

[1] PV. p. 43.

[2] Merold Westphal, *Becoming a Self: a Reading of Kierkegaard's Concluding Unscientific Postscript*, pp. 14 – 15.

[3] CUP, pp. 625 – 626.

[4] PV, pp. 15, 151.

"中性"的结论,没有那种"我们"的说法。这在读者心中造成了一种压力,促使每个读者必须要靠自己去寻求某种解决,自己去在相互冲突的观点中进行选择或辨别,在此基础上形成被自己"据为己有"的观点或看法。

这种托名性方法与通常所谓"客观性"方法比较起来,虽然都像是和文本拉开距离,消解作者本人的影响,但两种方法相比却有根本的区别。后者在叙述上尽管使用了无人称的方式,却处处给出确定的结论;反之,前者在叙述上采用了人称的方式,但却避免给出直接的结论。如果说在后者中作者所经受的不安是笛卡尔式的焦虑,即生怕其结论不具有确定性,那么祁克果使用托名则是出于如下的不安:"恐惧与颤栗,唯恐给他人造成伤害"。[1] 在这个意义上,如果说后者关注论述本身的确定性更甚于关注具体的读者,或者就是关注也只是某种读者群的话,那么对前者而言,尽管是以间接的方法,它最终关注的则是具体个人。

实际上,祁克果使用托名性方法的主要目的是与其全部著作的主要问题——如何成为一个基督徒——紧密联系在一起的。而这个问题在托名作品中表现为如下的问题:人如何成为一个个体的人?为达到这个目的,这里的出发点只能是间接的、助产性的,这一点与苏格拉底有相似的地方。在祁克果看来,双系列的作品所构成的辩证运动最终的目的是:"这种运动是要以助产的方式松动'众人',为的是能够抓住宗教意义上的'个体的人'"。[2] 这个主题是贯穿于整个祁克果作品中的

---

[1] JP, VI, 6230.
[2] PV, p. 9.

一个主题。这个主题是支撑祁克果作为一个作家的毕生信念，他早已确定了这样的心志，这就是，他作为一个宗教作家所牵挂的是个体的人。① 从 1843 年祁克果发表他的第一部与《或此或彼》相配的《两篇造就讲章》，一直到他后期对自己作品进行总结的《观点》，他始终在强调这样一个主题："我怀着快乐和感激把所寻找到的个体的人称为我的读者"。②

就使读者成为个体的人这个目标而言，托名的方式具有如下几个方面的意义。首先，把读者看成是具有自己内向性并需要自我成长的个人，托名作品的主要目的只是把他们带入某个处境，让个人自己学会判断。为此，托名作者的位置便被摆在了与读者"平等"的地位上。祁克果多次强调，自己的写作是"不具权威性的写作"，因此他尽量通过托名作者的方式来提醒自己，不要让自己变得比别人更重要，以免自己的观点、名声或修辞等因素影响到读者自己的判断。③ 其次，读者要成为个体的人，首先要学会从各种现成的说法中摆脱出来。托名作品的一个重要特点就是不给出现成的结论，或者多个托名作者立场的冲突，也让读者感到没有"安稳和确定"，这是任何一个习惯了"众人"的确定说法，而现在想要自己判断的个人都必须要经历的。托名作品的目的就是要"把结论留给读者，由个人自己把它们串在一起，并不为了让他们感到安稳而去作什么"。④ 最后，读者要经历的一个更大的考验就是被冒犯的考验。我们下面会看到，在祁克果的托名作品中，尤其是号称

---

① PV, p. 37.
② EUD, p. 5; PV, p. 9.
③ CUP, pp. 13, 14, 63, 65, 72.
④ CUP, pp. 15, 254, 289, 298.

"幽默者"的克里马库斯的作品，通常是以某种调侃的语调写出来的，这个语调常常会给事先有较高期望值的人造成某种冒犯，个人这时必须作出自己的选择，究竟是要认真对待，还是不认真对待。①在以后的章节中，我们会更多地体会到，在经历冒犯后，这样的个人抉择对于成为个体的人是十分重要的。

第三节 两个主要托名作者的思想特点

在祁克果的托名作者中，有两个托名作者占据着较为重要的地位，这就是克里马库斯与安提-克里马库斯。不仅以他们名字出版的著作要多于其他托名作者，而且，在他们名下出版的著作也都是祁克果最重要的著作。我们可以通过具体地分析他们性格与作品上的特点，来了解祁克果托名作品或者所谓托名方法的一般特点。我们之所以选择他们，也是因为他们的作品与本研究的关系更为密切，而成为本研究的主要文本。

以约翰尼斯·克里马库斯的名字出版的著作有《哲学片断》（1844），《非科学的最后附言》（1846）以及未完成的早期作品《论怀疑者》。这些作品基本上被人们归之为哲学作品。这说明克里马库斯的讨论主要是在哲学或存在论的维度上。祁克果让克里马库斯在这个维度说话，主要是出于"个体人问题"这个最根本的目的，以及与之相关的间接交流方法。按照祁克果在《观点》中的说明，整个基督教世界都处在一种幻象中，即每个人都认为自己是一个基督徒，而不知作为一个基督徒的真正

---

① C. Stephen Evans, *Kierkegaard's "Fragments" and "Postscript"*, p.23.

第一章 祁克果托名作品的意义

含义。要想打破这种幻象,最首要的就是这样一种方式的耐心,即不去作直接的攻击,那只会激怒人们,让人陷入对抗之中,从而使一切尽都失去。① 因此,

> 我从没有攻击任何人,说他不是一个基督徒,我没有让这个论断落在任何人头上。实际上,托名作者约翰尼斯·克里马库斯,尽管也提出了"成为一个基督徒"的问题,所作的却相反,否认自己是一个基督徒,以便与其他人一致,这确实是与论断他人最大限度地拉开了距离。②

这样,克里马库斯作为一个非信仰者,就是站在基督教外来论述基督教。从克里马库斯的著作中我们能够看到这种教外立场的特点。

首先,克里马库斯的论述隐含了这样的前提:基督教外的立场同样有可能让人了解什么是基督教,让人认识这个基督教信仰,否则,人们就无法选择"成为一个基督徒"。③ 这个前提使我们理解,就是因为克里马库斯理解基督教,所以才对它一往情深;就是因为它是可理解的,所以克里马库斯才能够有一整套概念去描述它,尽管每个概念从生存论的角度去规定它多少与神学上的规定有差别。

其次,我们会注意到,克里马库斯从未说过基督教是真的。这一方面是教外的立场所决定的,即站在基督教外的立场上,不能从一个"客观"或"中性"的意义上去判定基督教的真与假;另一方面,克里马库斯从知识上知道基督教是什么,

---

① PV, p. 43.
② PV, p. 15.
③ CUP, pp. 321–322.

但他不必清楚从一个基督徒的立场上它所意味着什么。也正因此，克里马库斯避免给出结论，而将其留给读者个人去决定。除了这两个方面的基本特点之外，要想了解克里马库斯叙述或思想方法上的其他特点，我们就要更多地了解他这个人。

约翰尼斯·克里马库斯原本是七世纪一位著名修道士的名字，曾任亚历山大里亚的圣凯瑟琳修道院院长，是著名的《天国之梯》(The Ladder of Divine Ascent) 的作者。而作为祁克果托名作者的克里马库斯，则是以思考为其终生乐趣、以思考作为一架天国之梯的人。在他还是一个大学生的时候，他对思想——尤其是哲学思想——可以说是达到了热恋的程度：

> 他倒确是热恋着什么，全身心热恋着什么的——热恋着思想，说精确些，是热恋着思考了……思想时他脑袋低垂得像沉甸甸的麦穗，并不是因为他正倾听心上人的玉音，而是因为他正把捉思想的悄悄呢喃；他脸上的恍惚，也并不是因为他触着了画中她的秋波，而是因为他亲临了思想的跌宕。[①]

他对思想的这种热恋与其说是为了证明某种结论，不如说是更想沉浸于其过程，或者更像是在作一种思想的游戏，"因为这叠起推倒，推倒叠起的思考在他是罕能匹比的快乐"。[②]

中年时他的这种思想游戏更多了一些反讽和幽默，他自认为并不懒惰，但每日始终像是无所事事，"我每天阅读很多，然后把这天其余的时间用来闲逛和思索，或者是思索和闲逛，

---

① JC. 中译本见翁绍军等译：《论怀疑者/哲学片断》，三联书店，1996年，第8页。

② 同上书，第9页。

但终是一事无成"。① 他把自己称之为一个"幽默者",从其对自己写作动机的描述上,我们可以一窥这种有时甚至让人不能忍受的幽默:

> 我有想要尝试成为一个作家这个念头是在四年之前,我记得很清楚,那是在一个星期天,是的,是在一个星期天的午后,我像通常一样,一个人坐在弗雷德里茨堡花园中咖啡店的外面……当我再次点着我的雪茄抽起来的时候,忽然一个思想闪过我的脑际:你必须做点什么事了,但因为你的能力实在有限,不能再使得事情变得比它已经变得更加简单,因此,你必须以其他人所有同样程度的人文主义热情,尽全力把事情弄得更复杂一些。②

除了把自己称为是一个"幽默者"外,克里马库斯还把自己看作为一个"实验的心理学家"。③ 他所言的实验心理学家与现代的实验心理学家含义完全不同,现代的实验心理学家所用的方法是所谓客观观察方法,研究者站在"第三者立场"上,将所研究的他者当作"客体",在这个意义上,观察人与观察其他物体在方法上是一样的。而克里马库斯所理解的"心理实验"则是发生在其思想的层面中,表现为其借着想象所构想出的各种生存的可能性,并且通过幽默的语调传达出来。这种"实验"在读者面前展现出的似乎是生活的"反面",在作者和读者中间置入了一种距离。按照伊文斯的概括,"一个实验学家的意义是:他是这样的一个思想者,他只是在想象中构

---

① CUP, p. 185.
② CUP, pp. 185–186.
③ CUP, p. 419.

建和描述出各种生存的可能性，但并不把自己交托在其中。"①

从这里我们可以概括出克里马库斯"心理实验"方法的两个因素。首先，克里马库斯明确说明自己所论述的只是假想出的可能性，是一种思想的"方案"。在《哲学片断》中，克里马库斯相对于以苏格拉底为代表的古希腊思想传统，从基督教的思想传统出发，指出了一种新的存在论上的可能性。但在第一章结尾时，克里马库斯还是不失时机地告诉读者："诚如你所看到的，这就是我的思考方案！但或许有人要说，'这是最荒谬不过的方案，或者说得更确切些，你是最荒谬不过的方案迷……'"。② 丹麦学者麦兰楚克指出，这是克里马库斯的一个十分显著的特点，即在作出结论之际，他总会"撤回他的作品"。在《哲学片断》最后得出结论的时候，克里马库斯就是这样撤去了他的梯子：

> 众所周知，基督教应当成为每个人的永恒意识起点的惟一历史现象，也应当是每个人不单从历史方面去感兴趣的惟一历史现象……不过，在某种程度上说，我应当忘记这一点，并且应当适用一个假设的随意判断，我已假定这一切都是我本人的怪异想法……③

这种对"方案"之想象性的强调，在读者与他之间拉开了一段距离。

其次，在这种"心理实验"方法中我们会遇到一种幽默和调侃的语调。在克里马库斯的作品中，人们会时时感受到这种

---

① Evans, *Kierkegaard's "Fragments" and "Postscript"*, p. 22.
② PF. 中译本《论怀疑者/哲学片断》，第124页。
③ 同上，第249页。

调侃，这一点我们从上面就已经看到。当然，这种调侃的语调并不表明他对其作品的不严肃态度，实际上，当我们能够放下或克服第一印象的影响时，我们会从这种调侃中看出其中所蕴藏的至为深切的热诚，正所谓肯定乃是在否定中。从这种间接交流的意义上，这也是与读者拉开距离的一种方法。总之，借着具有上述两种特点的"心理实验"方法所拉开的距离，读者无法判断作者自己的信念或确切立场，或某些读者所习惯的那样，找到作者自己想要人们去接受的观点，这些在克里马库斯这里都是徒劳的，而这也正是他所希望的。每个人只能自己从文本中去作出判断，并且在作到这一点时，读者还必须克服这种调侃语气所可能给自己带来的冒犯，而真正达到将某种观点据为己有，并因此对其负责。

与克里马库斯相对应的托名作者是安提－克里马库斯（Anti－Climacus），他是十分重要的《致死的疾病》和《基督教中的实践》这两部书的托名作者。据祁克果的说明，这里Anti－不是"反"或"对立"的意思，而是作为Ante－指"之前"或"之上"的意思，就是说安提－克里马库斯已经走在了克里马库斯"之前"，在生存或信仰上已经处于后者"之上"，而成为克里马库斯所向往的基督徒。①

安提－克里马库斯是祁克果于1848年完成《致死的疾病》后启用的一个作者名子。他与克里马库斯之间最大的

> 区别就是：当克里马库斯把自己置于如此低的程度，以至他甚至说自己不是一个基督徒，那么人们在安提－克里马库斯这里则能够察觉到，他把自己看作是在异常高水

---

① SUD, p. xxii.

平上的基督徒。①

这样，如果说克里马库斯所站的是教外的立场，那么，安提－克里马库斯则是站在基督教内的立场，或者说是一个基督徒的立场，而不是一个人文主义者的立场。祁克果之所以采用这个教内的立场，说明在相关于"个体人问题"上，他已经意识到教外立场的局限。对于这种局限，祁克果以这种方式表达出来："当对理想的要求以一种极限的方式呈现出来时，人就要极其注意不要把它们与自己混淆起来，仿佛他自己就是那理想的化身。尽管可以用声明来避免这一点，但惟一可靠的方法还是双重化（redoubling）。"② 即引入新的、确实是高于克里马库斯甚至是祁克果自己的立场。从较低的托名作者的立场，他只能使自己的论述指向基督教信仰，将其当作一种理想，要时时将其与自己实际的状况区别开来；而站在较高的安提－克里马库斯的立场，他可以直接从这种信仰立场出发。

由这种主要的区别，导致了这两个托名作者在其作品中的其他一些区别。如果说克里马库斯的方法主要是以间接交流为特点，那么，安提－克里马库斯的方法则主要以直接交流为特点。具体说来，他们之间的区别表现为这样两个方面，它们分别与克里马库斯的"心理实验"方法的特点相对应。

首先，克里马库斯在得出结论之际，总会要"撤去他的梯子"，而安提－克里马库斯则相反，他本身就是从确定的信仰立场出发，不但不避免得出确定的结论，相反会坚持其所得出的结论或者所持的立场。换句话说，他已经作出了向基督信仰

---

① JP, VI, 6433.
② Ibid., 6446.

的决定性跳跃；而克里马库斯在这种跳跃面前总是缩回。这个区别决定了安提－克里马库斯可以直接使用基督信仰的语言，如在《致死的疾病》中对罪的论述："罪就是：在上帝面前。"① 而在克里马库斯的作品中，上帝或基督常用 Paradox 所代替，其他概念也基本上是存在论层面上的。

其次，相应于克里马库斯作品中调侃的语调，安提－克里马库斯作品的基调则具有造就的色彩。在以他的名字出版的《致死的疾病》一书的前言中，明显表现出此书是一位基督徒学者所写的，因为它同时要求学术性和造就性。类似于苏格拉底把哲学家理解为灵魂的医生，安提－克里马库斯则写到："基督徒所必须做的每件事中都有这样一种特性，它类似于医生在病床前的说话方式。"② 这就是安提－克里马库斯给自己指定的方式，一方面要有科学家那样的知识能够判断；但同时也要作一个能够提供帮助的医治者。不仅会给人分析问题，同时能帮助人解决问题。

因此，就祁克果的全部作品而言，按照祁克果自己的划分，可以更具体地将其划分为三个层次，较低托名作者的作品，如克里马库斯的作品；较高托名作者的作品，如安提－克里马库斯的作品；而祁克果自己的署名作品，多篇《造就讲章》则在这两个层次之间。③ 本论文由于主要集中于祁克果的托名著作，因此，会主要涉及到前两个层次或维度。而相对于我们所要讨论的"个体人问题"而言，这两个维度也确实构成

---

① SUD. 中译本见张祥龙等译：《致死的疾病》，工人出版社，1997 年，第 108 页。
② 同上，第 3 页。
③ JP, VI, 6461.

了一对相当特殊的辩证关系。如麦兰楚克所指出的,他们两人对于人成为个体的人而言,都是不可缺少或者互补的,像是"供航行者前行定位的一个双星座"。[①]

---

① Gregor Malantschuk, *Kierkegaard's Thought*, p. 337.

第二章

祁克果对黑格尔哲学方法的批评

祁克果的思想与黑格尔的哲学有着极为紧密的关系。事实上，祁克果在哲学方面的思索基本上是以黑格尔思辨哲学为其对话的对象和思想的语境，这一点在祁克果早期的著作中尤其明显。例如，他的硕士论文《反讽的概念》就带有浓厚的黑格尔主义色彩，以至其英译者在英译本的导言中称它为"半黑格尔主义"的。然而，尽管祁克果自己的哲学探索借助了不少黑格尔主义的观念，这种对话关系从一开始就是把黑格尔哲学放在对立面上进行反思和批评的关系。本章主要围绕所讨论的"个体人问题"，来回顾祁克果对黑格尔思辨哲学批评的要点，以衬托出祁克果自己思想的出发点，以及他所用范畴的基本语境。

第一节 祁克果与黑格尔在思想上的关联

就时间上来说，祁克果与黑格尔几乎是同时代的人。祁克果的青年时期基本上是黑格尔思想的鼎盛期。他于1830年入哥本哈根大学求学的那年，正是黑格尔去世的前一年。在他随后的十年大学生活里，黑格尔主义尽管在德国已经开始发生分裂，但在丹麦大学的知识分子中还占据着的统治的地位，被看作是那个时代的集大成的思想体系。祁克果开始是通过丹麦的黑格尔主义者了解到黑格尔的思想。当时在丹麦颇具影响的黑格尔主义者有马坦森（H. L. Martensen），他是祁克果在哥本哈根大学求学时的老师，后于1854年明斯特主教（J. P. Mynster）去世后成为丹麦主教。祁克果1934年开始选修他所讲授的思辨神学课程。马坦森基本上同意黑格尔的宗教哲学，尽管他认为启示对于认识上帝是必要的条件，因而试图以此来弥补黑格尔所表现出的对理性不受限制的使用，但他仍保持了把黑格尔的思辨哲学当作神学向科学发展的基础这样一种基本倾向。祁克果在1837年就已经形成或确立了对这种思辨神学的批评立场。他在马坦森所传授的黑格尔思辨神学中看不到启示与哲学的平衡。在那一年的一则日记中，他批评道：

> 每一个基督教的概念都在一团迷雾中被挥发掉了，以至它不再能被辨认。对于信仰、道成肉身、传统、默示这些在基督教领域中被与特定历史事实相关联的概念，哲学家却给予了完全不同的、日常化的理解。于是信仰成了当下的意识……传统拥有了对这个世界所经验到的内容，而默示只不过是上帝向人吹的那股生气，道成肉身也就是这个或那个观念在一个或多个人身上的呈现。[①]

这让我们看到，至少在1837年，祁克果就已经确定了对于思辨哲学的基本态度，而据贺斯（Hirsch）和科林斯（Collins）的研究，祁克果开始认真阅读黑格尔的著作不会早于1937年

---

① JP, V, 5181.

底。① 因此可以说，祁克果对黑格尔著作的阅读和研究从一开始目的就十分明确，就是为了批判思辨哲学。他思想的出发点从一开始就与黑格尔思辨哲学的线路完全对立，并且，这种对立只有在上述基督教的背景中才比较明确地显明起来。

简言之，祁克果是从一种"科学化"了的思辨神学的角度来看待黑格尔体系的。他不满足于思辨哲学对基督教信仰的这样一种改造。因此，他要清算思辨哲学对基督教信仰的影响。不过，祁克果的这种清算采取的是间接的方式，即不是直接采用基督教信仰的语言。按照他的复调论述结构，他对思辨哲学的清算主要是由基督教外的托名作者们所进行的。这就决定了他的著述与黑格尔思想之间的一种复杂关系：他在借用黑格尔的某种论述方式甚至某些观念来反对黑格尔，这种状况尤其表现在他早期的托名著作中。这为人们了解他的思想带来了一定的难度。这反映在，在对祁克果思想中某些问题和观念的把握，只有在黑格尔思想的语境中似乎才是更准确的。因此，这种复杂的关系给人们提出的要求是：既要看到他们思想中语境的某种相同之处，又要在这种表面为相同的语境中，看到他们在所用观念上各自赋予它们的独特含义。

为了把握祁克果与黑格尔这种在总体思想的对立，同时也为了使我们能够体会他们在词语相似而又不同的复杂关系，让我们概要地来看他们在对"主体"或"精神"这个最重要范畴上理解的不同。

毕竟祁克果与黑格尔在时间上基本处于同一个时代，他们都经历了启蒙主义的影响。因此他们在这一点上基本上是一致

---

① James Collings, *The Mind of Kierkegaard*, pp. 104–105.

的：他们都关注主体或精神，把主体或精神看作是某种根本性的实在。黑格尔在其《精神现象学》的序言中，明白地说：

> 照我看来，——我的这种看法的正确性只能由体系的陈述本身予以证明——一切问题的关键在于：不仅把真实的东西或真理理解和表述为实体，而且同样理解和表述为主体。①

在黑格尔这里，主体不仅是实在，它在本性上被等同于理性，它的最突出的特征就是：它是有目的的运动过程：

> 现实之所以就是关于此现实的概念，只因为直接性的东西，作为目的其本身就包含着"自身"（self），或纯粹的现实。实现了的目的或具体存在着的现实就是运动，或展开了的形成过程，但恰恰这个运动就是"自身"，……②

绝对理性以概念的方式现实地存在，作为有目的的运动，它就是这运动过程本身，这是其"自我"（self）的形成过程。在黑格尔的思想体系中，这种运动过程从始到终都是处于现实性中的。首先，作为一种目的，在展开前，在直接性中乃是将自身以"纯现实性"（pure actuality）的方式包含在其中。其次，作为一种运动过程，在目的的实现中，乃是将自己展开为具体存在着的现实。对这样一种现实性的强调，显示出主体作为一种绝对精神，本就有一种自我推动和实现的能力：

---

① 黑格尔著，贺麟、王玖兴译：《精神现象学》，商务印书馆1997年，第10页。
② 同上书，第13页。

第二章 祁克果对黑格尔哲学方法的批评

说实体在本质上即是主体,这乃是绝对即精神这句话所要表达的观念。精神是最高贵的概念,是新时代及其宗教的概念。惟有精神的东西才是现实的;精神的东西是本质或自在而存在着的东西,……或者说,它是自在而自为。①

精神在自身的演进过程中,作为主体它既是自己又是自己的认识对象。它作为自身是现实的存在,这个意义上它是自立或自在的。它同时作为自己的对象,在概念的反思和辩证的"否定"中自己完善和自我展现,在这个意义上,它是自为的。精神的这种自我演进过程具有必然性和进步性。其必然性通过思辨的逻辑体现出来;其进步性则通过精神最终成为绝对真理的全体而体现出来。

对于黑格尔表现出的这样一种思想基调,法国学者让·瓦尔(Jean Wahl)将其和祁克果作了这样一个对比:

在早期黑格尔那里,我们可以看到在祁克果身上难以找到的一种胜利的感觉,一种充满着胜利喜悦的基调,而祁克果则表现为一种苦恼意识。②

确实可以说,黑格尔深受那个时代德国狂飙突进运动的影响,他把那种不断进步的历史观反映到他的绝对精神演进的体系中。而祁克果尽管也对拿破仑革命那个充满了激情的时代十分向往,但对他所生活的那个时代和处境却十分失望。下面我们

---

① 黑格尔著,贺麟、王玖兴译:《精神现象学》,商务印书馆1997年版,第15页。
② Jean Wahl, *Etudes Kierkegaardiennes*, Fernand Aubier, Editions Montaigne, Paris, 1938, p. 166.

就会看到,他的历史观与黑格尔在这里表现出来的有很大的不同。他在思想中所表达出的观念和情感更像是现在这个时代的人所表达的。不管这种对比有多少合理之处,这里所谈到的"苦恼意识"却为我们找到了比较他们两人思想的一个更进一步的参照点。我们有理由把祁克果归入到黑格尔在其《精神现象学》中所论述到的"苦恼意识"这个范畴中吗?他与祁克果对自己这个时代人的描述又有什么区别?事实上,与黑格尔"苦恼意识"相对应,祁克果也常谈到"苦恼的人"或"绝望的人"等。我们可以通过比较这两个表面看来十分接近的范畴,来进一步看他们两人总体思想倾向的不同。

在其《精神现象学》中,黑格尔把苦恼意识定义为:"苦恼意识就是那意识到自身是二元的、分裂的、仅仅是矛盾着的东西"。[1] 作为一种意识模式,它处在斯多亚主义与怀疑主义之后。在黑格尔看来,斯多亚的原则为:意识是能思维的东西,只有思维才是意识的本质。任何东西只有当意识作为思维的存在去对待它时,它对意识才是重要或真实的。这时所表明的自由是直接从奴隶意识超脱出来,已经返回到思想的纯粹普遍性。而怀疑主义则表现为是对前者概念东西的实现,对什么是思想的自由之现实的体验,因此,它本身是否定性的。与自我意识返回到单纯的思想普遍性相反,事实上独立的有限存在或持存的特殊性则脱离了普遍性。[2] 因此,斯多亚主义显明的是意识自身的"无限"性,而怀疑主义则表现了意识在现实中的"有限"性。它们的共同之处在于,这二元还是分别出现,

---

[1] 黑格尔:《精神现象学》,第140页。
[2] 同上书,第133-136页。

在意识中尚未引起冲突。但在意识发展的随后阶段，苦恼意识所以让人苦恼，就在于那抽象的二元被归于同一个意识："这种矛盾是包含在一个意识里，于是在一个意识里必定永远也有另一个意识"。[①]

在黑格尔的体系中，"有限"意味着需要克服或演进着的暂时，以及其与他者的有别，尤其是指那些在矛盾律中显示出来的、具有或此或彼这类差别的事物。这说明事物与其对立的一面尚未达到统一。而这种统一作为一种整体便意味着"无限"。在西方哲学的思想传统中，说某事物之为整体，乃是相对构成它的诸事物而言，而非相对于与它有差别的其他任何事物而言。相对于构成它的诸事物，它并不是一种集合，而是表现为统一或前提的原则：整体决定了其中诸事物的功能和特性，成为它们本性、可能性和相互次序的主导线索。但整体本身却是无条件的，在这个意义上它是绝对的。黑格尔的哲学思想基本上继承了这种整体观，区别只在于，这种无条件的整体并不是与时间无关的，而是在时间中演进着的，其演进的过程和外化的形式构成了历史。

从这种角度来看"苦恼意识"，就能体会到这样的矛盾：一方面作为现象，个人在意识中看到自己作为"有限"的多样（差别）性，但另一方面，意识从本性上又把其自身看作是"单纯不变的"。这里的问题就在于，作为一个只是并总已经是这种或那种普遍之样例的多样化的个别，意识何以能够把自己看作是某种不变的整体，并且将其完整性与其个别性统一起来呢？

[①] 黑格尔：《精神现象学》，第 140 页。

如果我们暂时停留在这个问题上,将"苦恼意识"与意识所遭遇到的矛盾冲突关联起来,那么,我们在祁克果对"苦恼的人"的描述中,似乎可以看到相似的矛盾与冲突。祁克果所说的"苦恼的人"其实就是处于绝望的人。在其《致死的疾病》一书中,他专门研究了人的绝望。

与黑格尔相同,祁克果同样关注主体和精神。关注人就是关注其精神,而关注人的精神就是关注人的自我。因为"人是精神。但什么是精神?精神是自我。"[①]这让我们看到,祁克果对精神的关注从一开始就与黑格尔有截然不同的角度。他所关注的是一个具体生存者的自我。在祁克果看来,"人是一个有限与无限、暂时与永恒的综合、自由与必然的综合,简言之,是一个综合体"。[②]然而仅仅是这个综合体时,人还没有成为自我,自我乃是这个综合体——作为其中两元间的一种相互关系——与自身发生的进一步关联,即所谓"关系的关系"。自我作为这种"关系的关系"反过来影响到综合体中两元的关系,在这个意义上,祁克果把自我看作是"第三项"。

当然,黑格尔所说的绝对精神也有其与自身的关系,它就是在这种自身的关系推动下自我完善的。但这种关系在黑格尔那里是现实性的、以观念的方式体现出来的逻辑上的认识关系。而祁克果所理解的这种自我,作为"关系的关系",其最突出的特征就是它的非现成性和非自立性,它是以非观念方式表现出来的一种生存性关系,是处于生存中的个人在具体的处境下遭遇到的与他自己的关系。这就是他所研究的人的绝望的

---

① SUD, p. 13.
② SUD, 中译本《致死的疾病》,第9页。

第二章 祁克果对黑格尔哲学方法的批评

意义。绝望就发生在个人与自身关联的失衡所导致的综合体关系的矛盾和冲突上。把绝望看作为"致死的疾病",本身就突出了这种矛盾与冲突。一方面,作为"致死的疾病",它的终端就是死亡,并且死亡乃是其最终的结局,它让这疾病终止。从这一点上看,绝望似乎表现出处于这种状况中的人的有限性。但反过来,祁克果指出,处于绝望的人的绝望实际也是求死不得的无望。如果死亡真是一了百了的话,他宁愿去寻求这个解脱。但他处于绝望中正表明,他还活着,而他自己对之想要摆脱却又无可奈何。据此,祁克果说明人之中具有永恒性,"如果一个人里面没有永恒性,他就不会绝望"。[①]

因此,在祁克果看来,从人是有限与无限、暂时与永恒的综合体而言,绝望的人实际是处于这两者关系的冲突中。个人不可能借着某种学说体系或者社会习俗来帮助自己彻底解决这种冲突。祁克果从无限与有限这个角度对绝望的描述就揭示了这一点。他从无限与有限的角度描述了"无限性的绝望"与"有限性的绝望"。所谓"无限性的绝望是幻想或不受限制者",[②] 幻想引导人进入无限状态,例如某种普遍理论或学说的构想之中,使他离开自身,并因此使得他无法回复到他自身中。这种失去自我的事可以很平静地发生在日常生活中。而有限性的绝望正是对无限的缺乏,"无限的缺乏是绝望着的还原主义和狭隘性"。[③] 它看不到自我或自己的无限价值,而只是被世界中他人的东西及人与人之间的差别所纠缠。

---

① SUD,中译本《致死的疾病》,第9页。
② 同上书,第17页。
③ 同上书,第25页。

这样的人忘记了他自身，忘记了他在神圣意义上的名字，不敢相信他自身。他发现成为他自己太冒险，而成为与他人类似的存在者，成为一个拷贝、一个名字、一名群众则更容易也更安全的多。[①]

从这个角度对绝望的描述让我们看到，不管是有限的还是无限的绝望，它们共同的特点就是，自我都是被某种"有限"与"无限"所替代，而不是两者在自我中达到统一。换句话来说，这种情况是与个人与自己关系的失调关系在一起的。那么要想从绝望中摆脱出来，问题就是，个人怎样能够形成一种自我关联，使之能够将这"有限"与"无限"统一在自己这个综合体中？

如果我们仔细考察这个问题，我们就会体会到祁克果在这里所真正关心的是个人的"自我"，即作为个人（综合关系）如何与自己形成自身关联（关系的关系）。有这种自身关联的个人就是自我觉醒的人，即被祁克果称之为"个体的人"。如我们已经看到的，对"个体的人"的关注是祁克果思想和著述的核心。因此，祁克果的出发点乃是现实生存中的个人，当个人与自身的关系出现扭曲或错误时，个人就会处在各种形式的绝望中，其共同特征就是人失去真正的自己。而这正是现实生存着的人实际有的并且被人当作正常的情况。这说明，按祁克果上述的论述，现实生存着的个人是非自立性的，个人不具有现实性的自我关系，更不用说这种关系在一种进步历史观中的演变。人自我实现和演进的连续性在这里被打断了。对于祁克果而言，个人自我觉醒的那个"瞬间"对于这个人来说成为真

[①] SUD，中译本《致死的疾病》，第28页。

正重要的。而这种觉醒并非是理性或观念化认识的结果。

反之，"苦恼意识"在黑格尔那里开始就被置于意识或精神连续演进的过程中。意识在这种向对立面转化的过程中，不仅意识到自己的多样性，同时也意识到自己的统一性。而这种对自身统一性的认识使意识演进成为理性。理性使"苦恼意识"被超越，使其成为一个已被跨过的一个阶段。我们看到，这个演进实际是一个思想的运动，其主体是本身乃具普遍性的精神或理念。如果说它在其演进过程中还会在现象上表现出某些多样性，但他最终会将自身本就有的整体性实现出来，而达到黑格尔所向往的绝对理念。只有这种绝对理念才是真正的真理，它在现实中对应的是一个国家而非任何的个人。理念的真理性表现为被这个社会群体所普遍接受或认同的公共道德及习俗。

关于上述比较，美国哲学家汉内（Alastair Hannay）给予了这样的总结：

> 黑格尔的进程是从个人到公众，从内在到外在，从个别性到公众性之完满，后者借着所把握的、标有道德标签因而能为所有正常公民的心智所认同的、对社会任务的说明，消灭了个别性。……祁克果的旅程则是内向性的，正像其洞见所揭示的，公众世界内在的无能使之不能保证个体的人的完满或其所具有的道德特性，意愿的作用和个人的选择被揭示为是有限者要保证任何其可能的完满性所由之而来的源泉。①

---

① Alastair Hannay, *Kierkegaard*, p. 53.

第二节 祁克果对思辨"体系"的批评

祁克果对黑格尔主义的批评主要集中在对其"客观体系"的批评上。在他25岁时所写的第一部著作《一个仍健在者的论文》中,他就曾指出,体系化的理论使得存在被如此抽象化,以至它根本就不能触及到实际生存着的个体的人以及他的主体生活。① 这种思想从一开始就为祁克果对黑格尔主义的批评定下了基调。在柏林学习期间,祁克果受到谢林对黑格尔主义批评的影响。然而,在祁克果写作其哲学性的托名著作时,对他思想影响较大的要算丹麦哲学家与神学家特伦德兰伯格(Trendelenburg)。后者对黑格尔哲学的范畴所进行的考察,帮助了祁克果从理论上对黑格尔的思想进行清理,并在此基础上形成了其主要托名作者克里马库斯对黑格尔体系的批评。

在《附言》中,托名作家克里马库斯批评了思辨哲学的这种客观体系化方法。首先,他比较仔细地考察了思辨哲学的"客观"方法所存在的问题。在克里马库斯看来,这种"客观"方法有两个突出特点。(1)思想者的兴趣和关注点被引向其"外",即其思考的"对象";(2)思想者和其"对象"之间因此拉开了距离。祁克果在这里及其他地方并不否定这种"客观"方法的作用,尤其它在科学领域中的作用和成果。在这个范围内,"客观"方法能够使得每个研究者以无偏见的态度和方式去对待所研究的对象,从而可以保证研究结果的合理和公正性。当然,这并不排除科学研究者有好奇的动机和为事业献

---

① James Collins, *The Mind of Kierkegaard*, p. 106.

第二章 祁克果对黑格尔哲学方法的批评

身的激情。克利马库斯称赞科学家"在其高贵的追求中被热情地占据"。① 问题既不在于此方法本身,也不在于它被使用的动机或是否缺少激情,关键在于使用的领域或范围。

"客观"方法所存在的主要问题在于,将其看作惟一的方法或途径,用来认识处于具体生存处境中的人自己,或者试图为生存中的个人解决伦理的及终极关怀的(信仰)问题。黑格尔的思辨哲学,在祁克果看来,乃是以客观途径试图达到这种目的的典型方式之一。另一种典型的方式是历史探索的方式,即试图将个人伦理的或信仰问题的解决建立在对历史进行客观考察的基础上。这在当时主要体现为历史批评学派对基督教的解释。实际上,祁克果(或者克里马库斯)并不认为这两种客观的知识能够解决个人在这方面的问题。在这个领域中,只有伦理-宗教的辩证法才是有效的。假如我们要在个人生存的领域中使用这种"客观"方法的话——这也正是思辨哲学及受其影响的许多人确实在使用的方法,那么在祁克果看来,一个不可避免的结果就是"自欺"。

首先,这种"自欺"第一个表现形式就是,思想者不把所思考的概念当真作为自己生存的模式;或者他以为只要他愿意他就能够作为,其实却不然。在这方面,祁克果在《论怀疑者》中谈的最多的就是笛卡儿式的怀疑。他不怀疑笛卡儿自己的怀疑是一种真实的生存行为,但将其作为一种普遍的哲学方法,一种近代哲学思维的开端而为后人效仿时,它就不再成为个人生存的模式,而仅仅被当作或只能是一种思维的模式。这种分裂在伦理学中表现的最为明显,带来的后果也最为严重。

---

① CUP, p. 152.

在祁克果看来,黑格尔的思辨哲学体系在伦理领域给人们带来的就是这种影响。对道德生活的追求变成了对伦理学的研究。学术探讨可以和个人生活无关地进行,尽管它就关系到个人的生活。然而思想上的演进并不能代替现实生存上的改变。人们可能以为明白了"应该",就一定"能够"做到,但这在祁克果看来只是一种"自欺"。在克里马库斯所关心的基督教信仰领域,思辨哲学给人们带来的影响相类似:基督教被当作教会的一套教义体系,而不再是一种生存的交往。但对于他来说,"基督教不是一套学说或教义,而是一种生存交往。"[①] 信念在特定的生存或生活语境中有其根源。在这种具体的处境中,基督教信仰体现为一种活的"交往"或能力的传递,而并非只是需要学习和理解的观念。

其次,这种"自欺"更为严重的表现形式乃是自我遗忘,即忘记了自己是一个生存着的个人。忘记自己是生存着的个人意味什么?这听起来荒谬的就像是人忘记了自己的名字。然而在祁克果看来,前者却更为常见。在《致死的疾病》中,祁克果讨论到个人不能认识自己的情况,这些情况以不同方式的"绝望"表现出来。这种现象说明,人对自己的认识远不能像认识其他"客观"对象一样,好像只是一个理智认识的问题。其实个人在具体处境下对自己的认识,总是同时伴随着意愿和情感的因素。意愿和情感的因素会以各种方式渗透到个人对自己的理智认识中,让理智认识去为其服务。这时可能存在的"自欺"表现在:理智认识或者被掩盖或者受制于人的意愿与情感因素这一点并不为"客观"方法所意识。人们只能感受到

---

① JP, I, 1060.

冲突给人带来的绝望。只有个人在具体生存处境中的绝望揭示出：那种种理智的理由对于个人生活是多么的无可奈何。但理智的说法同时也是最好的躲避处所。为了逃避这种冲突给人带来的绝望，人们更愿意隐藏在一种"纯粹的思想"中，或者以自己作为其化身，或者将这种立场或角度的思想或话语就当作是自己的思想或话语，从而彻底将个人的生存及其处境遮掩起来。

在《哲学片断》与《附言》中，克里马库斯还对黑格尔思辨哲学的"体系性"给予了充分的批评。这种批评可以被归结为三点。(1) 黑格尔没有认识到，生存活动本身永远不能归入一个有限思想的体系中，无论其原则或方法是多么的宽泛。(2) 在形而上学的领域中，黑格尔处理存在与生成这些基本概念的方式是不恰当的，他主要是将其在逻辑层面上处理，不能把概念所具有的逻辑地位与其作为对客体的表述区别开来。(3) 黑格尔的世界历史理论不利于人作为一个有责任感的个人所应当有的伦理生活。

首先，克里马库斯明确指出，一种逻辑的体系是可能的，但是，

一种生存的体系是不可能的。生存的体系不能被规范出来。这意味着这样的体系不存在吗？并非如此，它并不隐含在我们的论断中。实在是一个体系——却是对上帝而言。对任何生存着的精神来说，它不能是一个体系。体系与终结相互呼应，但生存则正与终结相反。从某种纯粹抽象的观点我们会看到，体系与生存是不能彼此相融的，因为，为了完整地思考生存，体系化的思想必须把它当作终止的，它进而不再生存。生存分离并抓住这些不同的生存

瞬间，反之，体系化的思想则由终结出发把它们联系在一起。①

这里涉及到祁克果所理解的人之生存的一个极重要的特点：生存相对于其活生生的生存主体而言，它在观念上永远是片断的、持续的和没有终结的。一旦当人们把它观念化为一个体系时，它就已经终结了；或者它必须首先被终结，才能被人们旁观并加以体系化。它并非始终现成地在那里。在祁克果看来，它在生存者所处的每一个当下都表现为是"缺欠"，并因着这种"缺欠"而又指向"永恒"。在这个意义上，克利马库斯说："什么是生存？生存是有限和无限、瞬间和永恒所缔造的孩子，因而它是一场持续的努力。"② 下一章我们会专门探讨生存的这个特点。

其次，在克里马库斯的批评中，存在着这样一个思想前提：逻辑的领域和形而上学的领域是两个完全不同的领域。前者涉及到存在（being）的普遍性，以及与这些普遍性相关的观念间的必然联系。而后者对克里马库斯来说，则特指个人的生存世界及其生存行为。如果把体系限定在前一个领域中的话，克里马库斯（或者祁克果）对其无疑是肯定的，但这种意义下的体系就只是概念的体系，它所表明的只是概念的秩序和逻辑地位。显然黑格尔并不会满足于这种限定。在他看来，绝对理念是真正的实在，它的运动真正推动了自然界和人类历史的演进。而这在克利马库斯看来，完全混淆了这两个不同领域的界线。对此，克里马库斯提出的问题是，事物实在的运动究

---

① CUP, p. 118.
② CUP, p. 92.

竟是什么原因所推动的？真如黑格尔所说是概念的辩证关系所推动吗？就拿个人的生存而言，个人的改变能够完全归为思想的因素吗？在这一点上，祁克果的思想与黑格尔主义有很大的不同。对克利马库斯来说，知并不意味着能够行，能够使个人有所改变的"推动原理"一定是某种高于思想的因素，这个因素被他称之为"激情"。个人生存中"激情"的因素，打破了逻辑化的自洽体系，把现代人的目光从辩证逻辑的、认识论的框架体系中拉出来，投在生活世界中实际生存着的个人身上。"激情"是趋近个体的人的生存的一个重要因素，但却是无法将其纳入体系之中的一个因素。

最后，对于上述区别的含义，我们不仅可以从克里马库斯这里，也可以从祁克果在其他地方的论述对其给予更进一步的分析。实际上，这个区别的含义可以追溯到康德，祁克果是借着谢林更加明确了这种区别。康德所划定的界线表明，对于"物自体"，人们不能对其给予经验性的认识。而理性对其的认识因此会出现二律背反。这个"物自体"从某种角度说，也就是精神的"自身"。理性只能在伦理的领域与"自身"形成一种实践性的关系。黑格尔对康德所可能表现出的不可知论具有高度的警觉。他坚持思想与存在的同一，因此发展了绝对理念的观念。他在承认矛盾的前提下，有意识地越过了康德所划定的界线。在祁克果看来，如果把这种界线之外的领域理解为个人生存的领域，那么，它就在思辨逻辑的体系之外，甚至也在任何科学的理论之外。人们无法借助任何的逻辑推演（或辩证逻辑），及现成的客观知识进入到其中，进入到个人与自己的生存性关系之中。我们上面已经看到，在祁克果看来，这样做的结果只能是给人带来"自欺"。

就是在这个意义上,克里马库斯批评黑格尔的体系不利于有责任的个人的伦理生活。按照祁克果的观点,人只能借助伦理-宗教的辩证法进到个人或自己的生存世界之中,或者更确切地说,个人只能以伦理-宗教的途径进入到与自己的内向关系之中。和康德不同的是,如果单就认识自己来说,个人借助这种伦理-宗教的辩证法可以达到自己的认识,这里并不存在不可知论的问题。但这个过程同时是个别性的,完全不同于黑格尔体系中具有普遍性的绝对理念的演进。

从上面的论述中,我们看到一种强烈的对比:一方面强调的是具有普遍性的绝对理念的逻辑体系;一方面注重的则是具有个别性的个体之人的现实生存。我们或许会问,这两者中哪一方面是更为本源的?当然从黑格尔主义的角度,强调的是"逻辑与历史"的统一,这种统一使得整个逻辑体系的起点是"无条件"的。但在克里马库斯看来,思辨体系的这种"无条件"的起点是虚假的,它的最起码的前提条件就是思索者能够有此抽象的能力和行为。换句话说,现实存在着的、能够并有此抽象行为的思索者是一个思辨逻辑体系的前提。在把黑格尔这种头脚倒置的体系再颠倒过来这一点上,祁克果受到特伦德兰伯格的影响,也与当时费尔巴哈对黑格尔的批评有相似之处。但祁克果更强调个人的生存,而非费尔巴哈所讲的人的感性生命或"类本质"的存在等。在祁克果看来,个人的生存先于任何思辨的观念。因为人的思索过程一定与人的生存过程相关,依赖于生存。按他的说法,思索是个人对生存闯入自己主体性的一种反应。因此,个人的思索一方面源自于其生存的有力闯入,另外从个人这一方面来说,则相关于人的一种激情性的及决心性的反应。从这个意义上讲,作为个别有限的个人,每个人在生存中思索都有其生存上的、以特定视角或视域为特点的有限性，它和那种离开了具体处境、具有整体性的思辨体系的视角和视域，具有明显的区别。用祁克果的话来说，后者仅属于上帝的视角。而一旦当个人借着客观的反思进入到这个视域，他就不再是那个具体处境中的他自己了。

第三节 祁克果对客观反思方法的批评

在方法上，祁克果对思辨哲学的批评更进一步体现在他对"反思"方法的批评上。在黑格尔看来，反思方法是哲学科学的重要方法。所谓反思简单地说即精神或纯粹理念对自身的意识和思想。它的特点主要表现在：它是以概念的方式进行着，因此精神或纯粹理念和它自身形成了对象化的关系，精神既是思想的主体又是其客体，两方面在一种演进的过程中合为一体。祁克果对这种客观反思方法的批评主要集中在它对主体思想者自己所带来的不良影响上。

我们上面已经看到，祁克果的思想与黑格尔哲学之所以有如此大的区别，一个根本的原因就在于他们出发点的不同，就是说他们是从完全不同的角度去理解基督教。黑格尔的出发点是力求通过一种绝对理性自身的辩证发展过程，最终达到一种科学的、绝对的真理。而祁克果（克里马库斯）的出发点是生存中的具体个人。从一个处于具体生存中的主体思想者的角度来看，克里马库斯认为，思辨哲学中的对象性反思方法的一个基本特征就是：它"总是事后的智慧"：

> 按照黑格尔，真理是那连续的世界－历史过程，每代人或这个过程的每个阶段，都是这真理的合法的、却也只

是部分的因素。……直等到事后，人才开始明白自己是否是幸福的。因而，只有下一代人才开始明白上一代人中有什么样的真理。①

思辨反思这种"事后"的特征是由其对象性的方法所决定的，即惟有当事的思想者从自己具体的生存过程中出来，身处于"局外"基点时，他才可能进入那种思辨的过程，有可能将其生活作为一种可以旁观的对象来进行思索。但当主体思想者处身"局外"时，对生活的这种反思还有可能对生活作恰当的把握吗？

（思辨）哲学中所说的生活只在事后才被理解的说法无疑是正确的。但人们因此忘了另一句话——生活要事先活过。我们越多地思索这后一句话，就越会肯定地说，具有易逝性特征的生活永远不会被恰当地理解。原因很简单，在任何时候人都不会在一种完全宁静（静止）之中取定一个基点——惟有在"事后"。②

其实这时所说的"事后"就是指生存思想者对自己生存的中止或悬置。这就引出祁克果（或克里马库斯）对思辨反思的一个最主要的批评：这种反思中止了具体生存者的行动，造成了对"行动的悬置"（suspension of action）。这种情况的发生通常会以如下的方式，用克里马库斯的话来说，对直接性的反思性分析要求人们能够暂时地把他们自己的审美、宗教、政治、科学和伦理的前提悬置起来，或者固定（限定）下来，成为思想可

---

① CUP, p. 33.
② JP, I, 1030.

第二章　祁克果对黑格尔哲学方法的批评

以把握的对象，以便能批判地审查它们。它们常常被设定为是有疑问的，对它们的批评性审查，代替了在这些前提下去行动。对这些前提的考察可以一步步地追索下去的话，如此，思想的过程则代替了实际的生存过程。这时具体的主体思想家已不再是生存中的个人，而成为以"纯思想"作为自己"生存"的思辨哲学家：

> 他将不再把自己作为一个生存者，因为他本身已得不到生存，因为他身上已没有任何后来要被理解的东西。①

这里要注意的是，祁克果并不是一般地反对反思方法，他所批评的乃是人们对它的误用，即当人们把反思本身作为生存的目标时，所造成的思想与行动的混淆。在他看来，反思对一个生存者在生活中能够有负责任的和清醒的行为来说，只是一个必要条件，而非人们误以为的那种充分条件。当思辨思想家忽视了这其中的区别，以"纯思想"代替自己实际的生存时，它对祁克果所关心的个人的道德－宗教生活就可能是有害或危险的：

> 反思本身并不是恶的，但是其所涉及到的反思的条件和情结，在把行动的能力转换成逃避行动的方式时，就既是败坏的又是危险的，它最终把人引向一种退后的运动。②

因此从祁克果个体生存的角度来看，思辨哲学的反思方法把具体的主体思想者变成为其生存被悬置起来的"旁观者"，

---

① CUP, p. 119.
② TA, pp. 100－101.

在个人实际的生活（行动）与其反思的思想之间插入了一道深深的裂隙。这种裂隙同样反映在反思所使用的概念方法上，或者说它会在概念方法上表现出来。如果思辨的反思只在生存者中止了自己的生存才有可能，如果这种"事后"的反思不可能完全把握个人的生存处境或过程，那么，这首先是通过语言表达上的困难表现出来。实际上，一旦回到具体个人的生存这个角度，语言在把握个体生存过程的当下性（或直接性）上所表现出的有限性，就突出地表现出来：

> 一旦想要表达这当下性，我就会遇到困难。当下性根本不允许它自己被表达出来。因此，我一用语言来表达当下性，矛盾就出现了，因为语言是观念性的。①

这看上去似乎是一个矛盾：一方面，人们无法用语言完全地表达和把握实在（当下性），但另一方面，人不借助于语言又无法意识或超越当下性。然而，这种矛盾在思辨哲学中，当语言作为一种观念或概念，其作为人思索现实生存处境的中介，本身成为思想的对象时，它才愈加突出地表现出来：

> 那取消当下性的是语言，假如人不会说话，他将滞留在当下性中。约翰尼斯认为这一点可以表达为：当下是现实，语言是观念性，因为我一说话，就会引起矛盾，……我所说的远非我想要表达的。我无法在语言中表达现实，因为要描述它，我就要用观念，这就是矛盾、非真理了。②

---

① JC, p. 149.
② JC, p. 148.

第二章 祁克果对黑格尔哲学方法的批评

因此,在克里马库斯看来,造成这种矛盾的一个重要原因,就是将语言作为观念来对象化的使用。黑格尔对此问题的解决,就是通过一种概念或命题的辩证法所展现出的正反合的关系,试图来消解这个矛盾。然而,正如我们上面已经看到的,由于思辨哲学并没有把主体思想者引向其具体的生存,它并没有从根本上解决这个问题。

祁克果对此问题的解决是与他整个思想的出发点相一致的,即对人的认识,对人生存实在的认识,最终都归结为是具体生存中的个人对自己的认识,是主体思想者对自己生存处境的认识,这时个人对自己的"反思"是其作为"局内者"通过自身"内向性"对自己的反思。关于这一点,我们会在下一章中作详细的分析。这里主要要强调的是,这种个体性的自我的"反思"(self-reflection)与思辨性的反思比较起来,是一种人认识自己的非对象化的反思方法。

因此,作为对思辨性反思给主体思想者带来的"反思病"的治疗,祁克果强调,在个人生存领域,针对人所关心的伦理和终极性问题,具体生存个人的反思应该是"双重反思"(the double reflection)。这是由主体思想者在自身生存处境中的双重身份所决定的,他既是一个具体的生存者,又是一个主体思想者,他思想的任务应该同时包括这两个方面:

> 个体思想者的任务就是去认识在生存中的他自己,……这个个体思想者既是一个生存着的个人,又是一个思想着的个人,……在他所有的思索中,他必须把自己是一个生存着的个人的思想包括在其中。①

---

① CUP, p. 359.

因此主体思想者作为个体的反思包括两个维度。首先，它是指将思想或学说当作思想或学说来反思；其次，在此同时，把思想或学说的范畴反思回到思想者自己，或者更确切地说，把思想者自己的生活反思进思想的范畴之中。思想者对于思想的反思，与其对自身生存的个体维度的反观关联起来。对于主体思想者来说，这两个维度是紧密联系在一起的，并非是分开的两个维度。对于观念的反思如果不与思想者自己关联起来，那就成了思辨性的反思了。我们在下章对祁克果个体的人思想的探讨中，会进一步探讨这两个维度的相互关系。

这里我们看到，祁克果确实不是一般地反对反思方法。只是他对反思的理解已经和思辨哲学对反思的理解有较大区别。祁克果对反思的理解比较宽泛。反思不仅包括个人的思想和理智活动，也包含个人的想象和情感生活的特点与格调。[1] 例如，个人对自己未来的梦想和打算等。所以当祁克果说到个人的反思时，他更强调的是个人与自己的关联，这种关联绝不仅仅是理智方面的关联，同时还有意愿和情感方面的。在这样一种自身关联的背景下去反思一种与自己生存有关的学说或理论，那么对于个人的生存而言，这种反思便表现为一些可能性。换句话说，反思不能代替个人在这些可能性之间的抉择，它只是提供生存的可能性。这一点决定了反思这个因素在个人生存中所起的作用。

---

[1] David J. Gouwens, *Kierkegaard As Religious Thinker*, p. 27.

第三章

个体的人的概念

　　个体的人这个范畴是祁克果思想中的核心范畴，这个范畴贯穿了祁克果思想的整个发展历程，成为理解他思想的主导线索。祁克果自己也因此把这个范畴称为是他的范畴，甚至他让人们在他的墓志铭上镌写的仅有的几个字就是"个体的人"（den Enkelte，英译 the single individual，也译为"那个个人"）。① 这并不意味着这个范畴只对他个人有意义，而是他对每一个读他作品的人的希望，即成为一个个体的人。正如我们前面看到的，这个个体的人的目标，是他作为一个宗教思想家整个著述的目标，也是他一生思想所围绕的一个主导范畴。② 下面我们首先分析这个范畴在语义、形而上及宗教层面上所具有的内涵；其次，我们主要沿逻辑的角度，分析这个范畴在形而上层面上所包含的几方面要素；最后，我们会沿时间的角度，分析个体的人与其生存过程的关系。

---

① PV, p. 118.
② PV, p. 37.

第一节 "个体的人"的含义分析

祁克果几乎是在其著述生涯的开始，就把他的每一本署名著作，即他所谓《造就讲章》(Upbuilding discourse，也译为《训导书》)，题献给"那个体的人，那个我带着快乐和感激以此相称的我的读者"。[①] 当他在 1843 年第一次用这个词时，他心里所想的"那个个人"，那个惟一能够理解他想要说什么的那个人，就是端吉娜·奥尔森，那个他与之解除了婚约的女友。[②] 他最初著述的很大一部分动机是要写给她。祁克果自己也说：

> 当我在 1843 年的《两篇造就讲章》的前言中首次用到"个体的人"范畴时，它对我还只有私人的含义。那时这个概念本身的含义还不是那么明确，所以要不是出于这种私人含义，我可能还不会马上用到它。但当我出于某种动力，第二次把它用在《不同精神中的造就讲章》(1847)的前言中时，我开始意识到我所做的有更一般的含义。[③]

后来他越来越意识到这个范畴的重要性，开始沿着这个方向形成自己的整个思想方向："（自第二次后，）在我所能做的每一件事中，我都会把全部的注意倾注在这个范畴上，这里的运动再一次表现在：达到单纯，或者从公众人（crowd – man，或

[①] EUD, p. 5.
[②] louis Dupre, *S. Kierkegaard as Theologian*, p. 36.
[③] Papirer, X3 A 308, Cf, Vernard Eller, *Kierkegaard and Radical Discipleship*, p. 109.

者 the public）到'个体的人'"。① 在这之后，祁克果尽管在后来出版的署名著作中，还是每次都题献给"那个体的人"，但他已经不再是指某个特指的人了，而是具有了更一般的含义。祁克果已经把它看作是最重要的范畴，并且把它与自己作为宗教思想家的主要目标或生存的意义联系起来：

> 我之所以决意要作为一个宗教作家，是想作一个关注个体之人的作家，因为这个范畴中（个体的人对应公众人）集中了整个的生活与世界观。②

这就决定了这个范畴在祁克果思想和著述中的地位。笔者一直认为，把握了祁克果的这个范畴，就把握了他的思想的核心，以及他思想的脉络。我们从他对这个范畴的关注和所赋予的内涵上，便可以理出他思想的一个脉络来。

然而这个范畴，既是祁克果最重要的范畴，同时也是最易让人误解的范畴。通常误解会发生在两个方面。首先，人们时常将他关于"个体的人"思想与现代社会思想中流行的"个人主义"等同起来。其次，人们时常将"个体的人"看作是完全与他人或世界隔绝的"独一者"。这里，我们在清理这个范畴的含义时，比较侧重地要将其与"个人主义"中的个人区别开来。对于这两者的区别，马丁·布伯的英译者史密斯（Ronald Gregor Smith）说了这样一句话："每个人都是个人，但不是每个人都是个体的人"。③ 如果说的更明确一些的话，这句话

---

① PV, p.10.
② PV, p. 37.
③ Ronald Gregor Smith, in Martin Buber, *Between Man and Man*（Boston: Beacon Press, 1947），p. 207, n. 9.

可以理解为，每个人可以自然而然地成为个人或个人主义者，但他并不因此就自然而然地成为个体的人。

不过在我们更仔细地来讨论这第一个误解之前，首先让我们简要地来看一下第二个误解，来看"个体的人"与所谓相对他人隔绝、孤独的"独一者"的关系。马丁·布伯在论及到祁克果的"个体的人"时，使用了德文的"der Einzelne"，史密斯在译这个词时，相应地将其译为"the single one"，即"那独一者"。但其实，当马丁·布伯用这个词去理解祁克果的"den Enkelte"时，已经造成了一定的偏差，也就难免在英文的翻译上带来进一步的偏差。

按照美国当代宗教哲学家弗纳德·埃勒（Vernard Eller）的分析，就是从德文中来看，这两个词根所侧重的也有一定的不同。从德文看，einzeln 是相对于"其他"比较而言，所呈现的是独自、个别、孤独、隔绝等含义，强调了与"其他"的分离；而 einfach 则侧重于对自身而言，具有单一、单纯、未分、非复合等含义，强调了自身的完整和未分的特征。而在丹麦文中，就第一类词言，ene 意味独自。与之有关的像 eneboer 意指与世隔绝的隐士或隐修者；enebarn 即独生的孩子；ener 意指一个等。而另一类的词中，enkel 则指单纯、简单；enkelhed 指简单性；enkelt 指单一、单纯、个体。根据这样一种差别，史密斯后来作了调整，用"the single person"来译祁克果的"den Enkelte"，试图在上述后一层的含义上，侧重于强调单个的个人在人格上的完整性。① 这里我们无意在词语上做更多的分析。或许在现在的日常用法中，可能这两个词根已经不再有

---

① Cf. Vernard Eller, *Kierkegaard and Radical Discipleship*, p. 104, n. 6.

明显的区别，但原本词根意义上侧重的不同，其实也是在提醒我们，人们在用这种语言来思想个体或整体的问题时，曾经或可以有两种侧重不同的理解，一种所说的个体是相对于"他者"而言，而另一种则相对于"自己"而言。从祁克果对自己所使用词语的精心选择、以及他整个的思想脉络来看，他所谓的个体的人无疑是侧重于相对"自己"而言的。随着我们对他这个范畴的了解，我们会发现他的"个体的人"的思想更接近于西方传统中关于人的人格（person）的思想。这具体地反映在他对个体自我的讨论中，以及个体"内向性"与"神－人"（基督位格）的位格性关系中。

不过，从词源学角度看，个体"individual"已为人们所习惯和接受；且这个词与哲学史有更为直接的关系，哲学史上常用来指称实体、个别本质、个别的存在者或某些特殊属性所决定的对象。托马斯·阿奎那给个体的定义是："一物在己不分，与他物有别"。[①] 其中首先强调的就是自身未分的含义。而个体这个词（individuum, individual）拉丁语的字面意义就是"未分者"。所以，现在对祁克果"den Enkelte"的更常见的英语译法即"the single individual"。在本文中，我们将其相应地译为"个体的人"，为顺应上下的语境，个别地方也用"个体"。

因此从祁克果所用的这个词来说，"个体的人"在他看来，更为侧重相对自身而言的单纯性和完整性，而非相对"他者"而言的"隔绝"。尽管他一直在强调个体的人与公众人的对立，强调从公众人中"脱离"出来才能成为个体的人，但这里用到的这两个范畴都不是在日常的、政治或社会学意义上来使用

[①] *Thomas, Summa Theologiae*, la, 9. 29, a. 4.

的，而有其更深的形而上的和宗教的含义；另外，祁克果更多地是在一种途径和方法的意义上讲到这种脱离，其最终的目的是要达到"未分"意义上个体之人的完整，以及由此形成一种新的人与人之间的关系。这里祁克果与传统原子论式的"未分"观点的根本区别在于，个体的人作为一个未分的整体，不是一个现成的、原本不可分的原子单位，相反，个人在日常的公众生存方式中是已经被分了的，成为个体的人乃是成为一个未被分的整体。因此这里不是一个"不可分"或"不能分"的问题，而是"未被分"的问题。在这个意义上，与通常所谓"隔绝"的误解不同，在祁克果看来，只有当个人成为"未分"的整体的人，人们之间才可能有真正的共同体关系，关于这个问题，我们会在最后一章，即个体的人之间的相互关系中，更为仔细地讨论到。

现在就让我们回到对第一个误解的讨论。在我们的日常生活中，individual这个词也用作为"个人"。那么，祁克果所言的个体的人与我们日常说的个人究竟有没有区别，以及有怎样的区别？对这两个概念之含义的混同，是人们常将他的个体学说与"个人主义"（individualism）等同起来的主要原因。当然，祁克果并没有严格地定义这两个概念的区别。但在他能够做到的地方，他都尽量使用不同的词语来表达不同的意思，而这是英语中"individual"这个词所不能完全表达出来的。按照丹麦的祁克果专家戈里格·麦兰楚克（Gregor Malantschuk）的分析，英语中所用的individual human being这个词常常不能区别祁克果分别用四种不同的词所表达出的不同含义，但这四个词在祁克果著作的英译本中基本是用一个词来表达的。

祁克果在自己的著作中用四个词来表达个人或个体。最低的含义是指样本式的个人（Exempler），他处于不与观念直接关联的最容易的生活方式，成为众人或他人生存样式的一种翻版；其次是指日常常说的个人（Individ），他受群体和周围环境的支配，不能从中区别自己，但他自己又试图拥有自己；再次就是人格的个人（Individualitet），就是通常用 person 这个词所表达的含义，指个人已具有某种统一的人格；而最高的含义乃是指个体的人（den Enkelte），即和上帝形成了生存性关系的个人。[①] 英文译本将这四个不同的词只能都译为 individual human being，通过加形容词来区别。按照这种区别，我们通常从社会、政治和伦理角度说到的个人基本上可以被归于前三类的用法之中，而对于祁克果来说，个体的人这个范畴更严格地讲是一个宗教范畴，它有其宗教的和形而上的含义。为了和一般意义上的个人（an individual）相区别，英文中使用了相近词强调的译法：the single individual（或 the simple one），或加冠词的译法：the individual（或 that individual）。在本文中，在凡需要区别的地方，我们用"个体的"加在个人前来给予区别，以示主要是在生存论的层面使用。而在区别不大的地方，不严格区分个人与个体的用法。

因此，祁克果所说的个体的人与个人主义意义上的个人有明显的区别，这种区别随着我们下面对他个体的人的范畴的进一步展开，会看得越来越清楚。简单地说，通常所谓的"个人主义"是一种以个人自己或自我为中心的伦理、价值观或生存态度。这种生存的态度强调自己才是个人或社会所关怀的目标，并且因而也是个人所能依靠的基点。在这样的背景下，个

[①] JP, II, p. 597.

人这个"自己"的含义,自近代启蒙运动以来,首先是在政治和伦理的领域,通过人与人平等的观念体现出来。因此,个人是通过与"他人"的平等而显明出来,个人对自己认识的参照系是"他人",具体地体现在,在现实政治和伦理生活中,个人对自己所拥有的与他人同等权利的意识,以及在利用这种权利去实现自己的需要或计划的过程中,对自己与他人差距的意识。在这个意义上,从政治或伦理层面上所理解的个人的含义,基本上是在权利这个概念上显明出来。

而对祁克果来说,个体的人是一个形而上的生存论范畴。他之所以要将其与关于个人的其他用法区别开来,目的是试图在生存论的层面上把个体存在的根基与"自己"或一个更高的存在者关联起来,而不是与"他人"关联起来。如果真如后者所言,那么就似乎只有相对"他人",个体的终极存在价值才可以显明出来。个体的终极生存意义就被建立在"他人"的基础上。这样,"众人"就成了更根本的实在。这与祁克果所认为的正相反。对祁克果来说,个人生存的终极意义与价值应该从其与"自己"或一个更高存在者的关系中找到其最终的根基。这个根基就是其本真存在的生命之根基。个体的人正是那些已经找到了这种生命根基的人。

在祁克果自己的作品中,或托名于克里马库斯的作品中,克里马库斯主要地是在这样一个层面上阐发了个体的人的含义。在这个层面上看,个体的人基本的含义是指个人在生存论上的一种生存方式,而与个体的人相对立的公众人(众人)也需要从一种生存方式上去理解。在这个意义上,祁克果所说的公众人(或众人)不是指社会学意义上个人的集合,乃是指人的这样一种生存方式,即生存于其中的人有意无意地依赖于某

种来自众人的势力,这种势力影响或者替代了本应由个体作出的决定,并因此影响或替代了本应由个体承担的责任。按照祁克果,

> 公众人——并非指这一群人或那群人,并非现代的一群人或已逝去的某一群人,亦非指平民群体与精英群体、或富人群体与贫民群体这样的区别,而是指从这个概念本身所理解的(即纯粹从形式上所把握到的这个概念的质)。[1]

祁克果从生存论角度对公众人的理解,在海德格尔思想中得到发展,并且以更为明确的方式表达出来。我们可以从海氏的论述中帮助我们去把握在祁克果思想中还有些模糊的地方。海德格尔在其存在论中阐明,尽管首要地说,个人在日常世界中的存在者状态上是具体的人,有具体的现身情态,但在存在论上,他却处在一种杂然共在的生存方式。每个人都淹没在这种公众的说法中而不知其究竟出于"谁":

> 这个谁不是这个人,不是那个人,不是人本身,不是一些人,不是一切人的总数。这个"谁"是中性的东西:常人(众人)。[2]

这里,在生存论(存在论)的层面上,无疑常人或众人的方式是更为本源的存在方式。当个人生存意义建基于这个基础上时,常人的无常便表现为个人的"无家"之感。

其次,对祁克果来说,个体的人从根本讲同时也是一个宗

---

[1] PV, p. 107.
[2] 海德格尔:《存在与时间》,第155页。

教范畴,而且对基督教是一个决定性的范畴:

> 个体的人——从基督教的观点看,这是一个决定性的范畴,而且对于基督教的未来也将是决定性的。[1]

这个范畴之所以具有如此的重要性,是因为在他看来,成为个体的人与成为一个真正的基督徒是同一件事。因为"成为一个基督徒的途径与人作为一个个体的人个体化地转向上帝相关。"[2] 从这样一种宗教的意义上来讲,这个范畴是指人的这样的一种生活,即个人与上帝相沟通的生活。个人对自己的认识以上帝为终极的参照系,显露出相对这个参照系而言的个体的人既非日常所言的个人,也非政治或伦理意义上的个人,而是指一种"神学意义上的自我,即直接呈现在上帝视野中的自我,而呈现在上帝面前的自我需要怎样无限的实在啊!"[3] 祁克果之所以从宗教的角度去审视个体的人,是因为在他看来,个人能够成为个体的人,或者说成为真实的自己,完全是由于个人与上帝的关系,从本质上说,正是这种与上帝的关系使得一个人成为他自己,"如果他没有上帝,他也就没有自我"。[4] 一个人只有在这位更高者面前成为自己,他在他人面前或众人中间才能成为自立的个人,相反,个人不能仅仅因为与他人的区别而成为自己。[5] 这一点构成了祁克果个体的人的思想与通常个人主义的一个重要区别。关于自我的自立性与一个更高存

---

[1] PV. p. 121.
[2] *Papirer*, XI2 A 135, Cf, Vernard Eller, *Kierkegaard and Radical Discipleship*, p. 114.
[3] SUD, p. 79.
[4] SUD, p. 40.
[5] CD, p. 43.

者的关系，祁克果在其《致死的疾病》中作了较为详细的论述。

总之，祁克果的个体的人的范畴有其特定的宗教与存在论上的含义。可以说它同时具有自身"未分"及与众人"区别"这两方面的含义，但祁克果似乎更强调前者。前者以一个比人更高的存在者（上帝）作为其参照系，突出个体的整体性，而后一层以众人为参照系，力求显现个体的人在生存方式上的自立性或本真性。不管在那个方面，个体的人的概念都与通常"个人主义"之个人的概念有层面上的区别。我们下面主要是在存在论及宗教的层面上，来进一步分析个体的人这个范畴的内涵。

第二节 个体的人在生存论上的意义

如果我们要考察个体的人这个范畴的具体内涵的话，我们可以有几个方面的进路，例如可以从动态的生存过程及这过程中的"瞬间"角度来看个体的人与其的关系（这是我们下节的内容），或者从信仰的角度看个体的人与信仰的关系（第六章的内容）。但要是我们对祁克果的个体的人的范畴作静态的分析，那么我们无疑可以从个体的人的两个突出特性"内向性"（inwardness）和"主体性"（subjectivity）入手。祁克果在很多种情况下是从这两个方面来阐释其个体人的内涵的。尤其是在托名于克里马库斯的哲学类著作中。这两种特性并不是并列或排他的，而是从不同的方面刻画了个体之人的共同的特征，并且每一个特性都与个体的人有如此紧密的关系，以至我们几乎可以说，个体的人就是具有内向性的个人，或者就是主体化的个人。这一节我们就从这两个特性入手来考察个体的人的含义。

1. 内向性

内向性是祁克果用来阐明个体的人的一个重要概念。它不仅出现在祁克果的托名著作中,同时也出现在他的署名著作中。可见它是代表了祁克果自身思想的一个概念。这个概念有其自身的生存论含义,一定不能从心理学的层面上去理解它。

所谓人的内向性是指个人面向自己的一种关系,或者更严格地说,是个人面对自己的一种严肃关切的态度,一种充满了"无限激情"的态度。[①]在《附言》中,克里马库斯在与客观反思或客观思维(objective thinking)相对的意义上用到内向性反思(reflection of inwardness)。后者也是所谓双向反思(double reflection)中的重要向度。[②]在其第一向度的反思中,主体的思想指向的是普遍,或者是思想中的概念;而第二向度的反思则指向主体本身,或者说是指向正处在反思这种生存状况中的个体生存者。

其实,第一向度的反思与客观反思没有本质的区别。它的特点都是把人的思索或关注引向对象,不管是人所面对的现实事物,还是人所构想的各种观念。它是指向对象的。正如我们在上一章所看到的,这种向度把作为思想者的个人置于一个"旁观者"的位置,而使之处于视野之外。祁克果对此给予最多的批评是,此种向度把主体的个人抽离出他自己的生存。思

---

① George Price, The Narrow Pass: A Study of Kierkegaard's Concept of Man, New York: McGraw-Hill Book Co., Inc., 1963, p. 122.

② CUP, p. 73.

想似乎成为一种自立自在的、没有具体主体的存在。思想的演进成了一个没有主体的自主的演进。

传统意义上的反思,尤其是黑格尔所强调的反思,看上去像是人的理性指向自身的一种关系,但实际上更严格地说只是自在自为的理性与自己的一种关系。由于这种关系是以概念思想为特点,因此它同时是对象性的,即理性把自己作为对象,或思想把概念作为其对象就如同它把任何其他类别的事物作为自己的对象,人类作为一种类别,其与其他类别的事物在被认识的方式上也是无法区别的:即都是思想借着概念所认识和把握的外在对象,传统认识论的这种"旁观"向度已经把人和物归为一"类":现成对象。"人"与"物"的区别只是不同现成对象所具有的不同特性的不同,人所特有的指向自己的这种向度并没有在概念式的反思中体现出来。这里可以提出的一个问题就是:在这种"旁观"的向度中,人之作为人的根本特征是否有可能被把握?

祁克果所说的"内向性"是指具体个人指向自己的关系,而非上述人的抽象理性指向构成自身的概念的关系。个体的人指向自己的关系更多的是情感和意愿的关系,当然其中也包含着理智对这些因素的思索。这种个体的内向性关系最大的特点就是:它是非对象性的。更严格地说,个体的人在"当下"不可能把自己看作一种客观现成的对象而给予纯理智的认识或把握。在日常生活世界中,个人首先是借着某种意愿或情感来面对或逃避自己。个人"当下"对自己的关系只能是在这种意愿和情感背景下对自己有某种程度的理性把握。这种把握是非概念性的、非现成和非外在的。然而它却是对自己的一种具体把握。这是人认识自己的一种非对象化的向度,一种不能为任何

"旁观"向度所替代的向度,祁克果把它称之为内向向度,或"主体"向度,我们也可以将其称之为"局内"向度。确实,在"当下"从"局内"向度对自己所认识和把握的,是通过任何别的方式所不能替代的。它尽管没有达到概念程度上的明确,但通过它所把握到的却是具有该内向向度的个体的人所特有的,是任何处于"局外"的人所无法把握到的。在这一方面,它超出了传统认识论的框架,"人"与"物"的区别在这种人对自己的认识方式中就表现出来。在这个意义上,"局内"(内向)向度非"局外"(旁观)向度所能替代。也就是在此意义上,祁克果十分肯定苏格拉底所坚持的"认识你自己",惟有从认识你自己的向度出发,才有可能进一步地认识人。

以上我们基本上是从(认识)理论的角度来看内向性的意义。在实际的生存上,我们可能会有这样的疑问:祁克果强调个人回到自己,强调内向性是个人对自己的严肃关切的态度,这与只关心自己的那种"自我"中心的生活态度有何区别?

首先,在祁克果看来,真正"自我"中心的人乃是其自我尚未觉醒的人,或者说是仍然生活在以直接性为特点的"审美"境界中的人。这里,作为个人生存中的一个阶段,"审美"阶段有祁克果给予的特殊含义。个人在此阶段生存的特征是:他们生存在直接性中并受着直接性的支配,个人还没有能力对此作出自己的选择,因此他甚至还不能面对自己,只能受着自身各种本能需要的支配。各种需要、意愿和情感还停留在本能的层面,是因为个人还没有成熟到有能力去给予面对,受以这种自然需要为特征的直接性的支配,表现出来就是自我中心。这种直接性表现的一个类型就是儿童。在祁克果看来,儿童就基本上是外向的,即便他们对自己常有一种梦想或幻想:"儿童总处在梦中,在梦中自己感性地融入其中的每样事物中,几乎达到了将自己与感觉印象相混同的程度。"① 因此,儿童完全被感性倾向所决定。

不过儿童还不是这种直接性的最为典型的类型。这种直接性最为典型的类型,就是祁克果在《或此或彼》中分析的唐·璜。他的存在乃是作为一种欲望力量的表现,而非作为一个个人存在着:"这里,我们所听到的唐·璜不是作为一个具体的个人在说话,不是他的言语,而是一种声音,一种欲望的声音,散发着对异性的渴望。"② 同样,对于尚未觉醒的公众人而言,情况也类似。人们并不是从自己的自我出发去作出决定,而是被习惯、风俗和群体的影响左右其决定。因此通常所说的"自我"中心恰恰是自我尚未觉醒时人们受本能或习俗支配时所表现出来的行为特征。而内向性的开启意味着个人精神的觉醒。这种觉醒的一个重要意义就是:个人已经感到需要去面对自己,面对那常常因着绝望而不敢面对的自己。个人能够面对自己,才有可能看到个人生活中的"自我"中心。因此,祁克果的内向性在这个意义上是对个人精神觉醒的强调。这种精神的觉醒正是个体的人的特征:"个体的人是精神或精神觉醒的范畴,它恰恰和政治学上的含义尽可能地对立。"③

其次,祁克果的内向性所说的回到自己,不是在心理学层面上"自我"中心所表现出的那种对伤感"自我"的沉浸,而是要面对自己,面对自己就是要认识自己,认识自己乃是为成为自己,而为此,个体的人就必须对自己的立场和主张给予个

---

① CD, p. 113.
② EO, I, p. 95.
③ PV, p. 121.

人性的澄清，并因此能够承担起个体的人应当承担起来的责任。从祁克果的区别来看，自恋性地沉浸于伤感的"自我"还是审美阶段的特征，而内向性的真正觉醒乃是伦理－宗教境界中事情。从伦理的角度来，个体的人在内向性中面对自己是与承担起个体的责任联系在一起的。这里，祁克果明确地划分了这样的界线：仅仅"知道"生活意味着什么是一回事，而"能够"将这种知识用在自己的生活中，活在自己的生命里，成为自己个体生命中那被据为己有的实在，则是另一回事。在知道与能够之间还夹着一道意愿和情感的鸿沟。在鸿沟的这边，当人还生活在理论和公众说法中的时候，人还活在一种"普遍性"中；惟有意识到这种鸿沟并在内向性中越过这个鸿沟，个人才成为个体的自己。这中间的跨越就是一个"个体化"的过程。具体地说，按照克里马库斯双重反思的说法，其实就是不断地把在第一向度中所反思的概念，通过第二向度的反思将其与个人的具体生存处境联系起来，尤其是与在具体处境下对自己的选择联系起来。然而，这里关键的因素乃是借着与意愿和信仰有关的个体－决断，使实在的"知道"能够据为己有。因此，祁克果的"内向性"在这个方面是对个体之决断能力的强调。关于这个方面，我们会在下面讨论"主体性"的时候再进一步讨论。

以上我们基本上是在存在论（生存论）层面上讨论内向性的含义，实际上祁克果自己在其署名著作中也常讲到内向性，表明内向性这个概念同时有其宗教上的含义。如果我们仅从生存论的层面看内向性，那么内向性就只是指个体的人与"自己"的关系；而从信仰论的角度看内向性，它的宗教性含义则表现在：个体的人独自地与"上帝"面对。这里我们不易理解个人面对"自己"与面对"上帝"的关系。然而我们知道，在祁克果的思想中，不存在生存论与信仰论的界线，成为个体的人就是成为真正的基督徒。在他看来，正如我们上节所引证的，个人不能面对上帝，也就无法面对自己。个人能够面对自己，是因为其能够面对上帝。按他的观点，个人如果没有上帝，就不会有真正的自我。在这个意义上，面对上帝与面对自己有某种紧密的辩证关系。

为了理解这种宗教方面的含义，我们可以具体但简单地看一下他在信仰的语境下对内向性这个概念的使用。在祁克果早期的造就讲章中，他讲到一种隐秘的内向性。[①] 具体语境针对的是中世纪或更早的新约时代的法利赛人所表现出的假冒为善。正如在新约中耶稣所批评的，他们是为了使个人（与上帝相关）的内向性能被人所注意或信服，而强求一种能被人看见的外在表现。所谓隐秘的内向性就是耶稣所提倡的，不要像法利赛人那样站在十字路口祷告，而要进入内室关上门祷告；不要像他们那样故意把脸弄得难看，让人看出自己是在禁食，而要梳头洗脸不叫人看出自己在禁食。这一切都只为了让暗中的上帝看见。[②] 这种不为他人所知或所关注的个人与上帝的个人性关系（personal relationship）就是这种内向性的主要含义。在这个语境下，"内向性"强调的是个人从上帝那里，进而也是从已得和解的自己那里，得到真正的生命的安慰和满足，得到自身生存的终极的生存意义。这重关系奠定了个体的价值观，它不再从根本上为"众人"的认可或承认所决定。

---

① Vernard Eller, *Kierkegaard and Radical Discipleship*, p. 151.
② 《新约·马太福音》6: 5-6, 6: 16-18.

但祁克果在其后期意识到,在宗教改革后的新教中,出现了一种相反的情况,即每个人都可以在一种隐秘的意义上轻易地称自己是一个基督徒,正如祁克果所嘲讽的:"是的,最终我们在隐秘的内向性上都是真正的基督徒,我们都是榜样,多么有趣"。① 针对这种情况,他不再提所谓隐秘的内向性,而是强调内外的一致。内向性的含义仍然是个人与上帝的个人性关系,但这种信仰的或激情的内向性一定会通过某种并非有意的行为流溢出来。在这一点上,祁克果十分看重新约中雅各书的教导:信心若是没有行为就是死的。② 对祁克果来说,个人所信的,就是他所是的,同时也就是他所做的。在这个意义上,内向性有其与个体在具体生存处境中的个人性决断相关的一面。

2. 主体性

主体性也是祁克果用来说明个体的人的一个主要概念,或者不如说是克里马库斯常用的一个概念。和内向性比较起来,主体性更多地被用在哲学类的作品中,尤其是托名于克里马库斯的《附言》中。这个概念可以说祁克果最易受到误解的概念,非常容易与认识论中主观主义的"主观"相混淆。主要的原因在于,主体性与和其对立的客体性都是来自黑格尔的哲学,在那里它们都主要是表明认识论上的含义,因而主体与主观、客体与客观在用词的词根上都是紧密关联在一起的。克里马库斯在使用这些术语来表述他的思想时,与主体性相对照的客体性基本上仍然保持了"客观"的含义,但是,如果再按

---

① Vernard Eller, *Kierkegaard and Radical Discipleship*, p.152.
② 《新约·雅各书》,2:17.

"客观"对应过来来理解"主体",将其误解为"主观"则就相差甚远了。这是由于个体的人这个范畴已经远远超出了传统认识论的范围,因而与之相关的"主体"的含义也相应地有了重大的转变。大多数的祁克果学者都同意,在克里马库斯所表述的思想中,"主体性(subjectivity)不应与主观主义(subjectivism)相混同"。① 只要我们认真读他的作品,我们就会同意这个观点。概括地说,它们间的区别在于,主观主义及其"主观"基本上是传统认识论上的范畴,而祁克果所说的"主体性"或"主体"基本上是一个生存论上的范畴。我们很快就会看到这个区别的具体含义。

我们会注意到,在《附言》中,克里马库斯讲到主体性时,总是把它与个别的主体思想者(subjective thinker)或者生存主体(existing subject)关联起来。当用到前者时,主体思想者的思想特点,如我们前面所述,是双向反思,总有一个向度和思想者自己正在进行反思这种生存处境关联起来。因此,这里所提到的思想者或主体,都是指处于具体生存处境下的具体的人,而非传统认识框架中的反思主体。传统反思主体所面对的是其现成的认识客体,而生存主体所面对的是其具体的生存处境;传统反思主体是处于一个概念框架的视域之外,而生存主体则处于一个要时时面对自身的选择中;传统反思主体处理更多的是"事后"事物(概念)间的逻辑关系,而生存主体则处在一个面向未来之可能性的时间维度中。站在这样一个生存(论)的立场上来考察生存主体与其思想的关系,就会看到在传统认识论中不被关注的两个区别。

---

① Cf, Vernard Eller, *Kierkegaard and Radical Discipleship*, p. 152f.

首先,对于具体的生存主体而言,其生存中所存在的一个重要区别就是可能与现实的区别。如克里马库斯在其中所言:"人思索和生存,生存把思想和存在分离,分别而相继地把握它们。"① 思想及其所得到的认识给生存中的个人提供的只是其生存的可能性。对克里马库斯来说,思想不能把握或提供具体个人的生存现实,尽管从黑格尔为代表的认识论而言,理性会同时触及到可能性和现实性。克里马库斯认为,从生存的角度说,思想只能把握生存的可能性:

> 抽象思想同时考虑可能性和现实性,但它对现实性的理解是一种虚假的反思,因为概念于其中被思索的媒介毕竟是媒介,不是现实性,而是可能性,抽象思想只能通过取消现实性才能把握它,但这意味着已经把现实性转化成了可能性。②

祁克果自己也坚持这一看法:"知识将每一件事都置于可能性中,就其在可能性的范围而言,它在生存的现实性之外。"③ 就是说,思想过程只是把握了生存可能性,思想之观念性本身不是现实,抽象的概念本身不是最终的实在。这一点祁克果与西方哲学思想中的柏拉图传统有很大的区别。对于个人具体的生存实在而言,观念只是把握实在的一种方式,而它所把握到的不过是生存的可能性,思想过程本身也并不意味着这种可能性的实现。从具体生存者的角度看,他思想着怎么去做 X,并不等于他实际上做了 X,在这个意义上,"思"不意味着"在",

---

① CUP, p. 315.
② CUP, p. 314.
③ WL, p. 218.

或者说，个人之"思"并不意味着其个体之"在"的实现。

其次，与上述区别相关的另一个重要区别就是：思想（理智）与意志（意愿）的区别。思想是可能性得以理解的手段，而所理解的可能性乃要通过意志得以实现。从具体生存者的角度看，在构想某种生存可能性和实现这种可能性之间，存在着一个不能忽略的因素，即具体人的意志。其可能性的实现，以他个人意愿的决断为前提。这种意志所要面对的，是知识以可能性的方式所体现出来的生存的不确定性。从这个角度，具体人的生存可被看作是从具有不确定性的可能（潜在）到现实的实现过程，一种生成（becoming）的过程。而这个过程也是个体的人的志趣、意愿和决断得以展现的过程，这个过程有任何的结果，也都与这些因素有极密切的关系。个体的人在其生存过程中所展现的这些因素，即使其生存可能得以实现的志趣、意愿和决断，就是祁克果所言之主体性所包含的主要内容。

然而，如果我们仅仅把主体性把握为一种现成主体中的某些要素，那么就尚未触及到这个主体性的生存论的实质。严格地说，它更主要地是指一个过程，以及只在这个过程中才被把握或展现的个体实在，这也就是祁克果为什么总要把主体性与真理联系在一起的原因。在《附言》中，克里马库斯对真理给出了如下的定义："在一种充满激情的内在性所构成的据有过程中（tilegnelse，英文 an appropriation‐process，中文取据为己有之意），被牢牢把握住的客观不确定性（objective uncertainty）就是真理，这是对个体的主体而言所能得到的最高真理。"[①] 这个定义中最为重要的就是这个"据有"过程，它的特

---

① CUP, p. 203.

点是借着至为激情的内向性把某种客观不确定性确定下来,由此使自己成为(becoming)一种真实的实在(实现)。对于克里马库斯来说,这乃是真理这个词原本的含义,即首先是生存(认识)主体之真实生存的实现,然后才涉及到他所认识或实现的知识。所谓主体性就是指这样一个把以可能性体现出的知识(或思想)在生存中"据为己有"的过程。这种过程显然是一个生存过程,它使成为可能性的知识或知识,借着个体的人激情的内向性,而具体地实现为其生存的现实性。在这个过程中,个体的人激情的内向性和其生成的真实的现实性是同一的,这就是主体性的内涵。在这个意义上,它本质上是一个生存论的范畴。

从上面的分析中,我们可以得到两点结论。首先,祁克果从个体的人的生存出发,让我们看到了其所讲的生存论与传统认识论的区别,而其个体的人的范畴也只能在这个区别的基础上才能被把握。在上面所分析的个体人的两个方面来说,这个区别在主体性这个概念上体现的尤其明显。它所关注的是如何活出真实的"自己",与传统认识论所关注的如何超越"主观性"而达到"客观"有效的知识,显然有论域或视域上的区别。从对与主体性极为相关的真理的理解上,我们也可以看到这一点。本文限于主题和篇幅的关系,没有把祁克果对真理的分析作进一步的展开。然而,从上面的引文中我们已经能够看出他的基本倾向,即从生存论的角度而不是从认识论的角度来理解真理:"按照基督教的理解,真理不在于认识到它,而在于活在真理(真实)之中。"① 海德格尔在《存在与时间》中进

---

① PC, p. 205.

其次，将主体性规定为"据有"的过程，让我们看到了一个从可能到现实的"个体化"过程，而对个体之人的理解一定是与这个生存过程关联在一起的。思想在知识中所把握到的普遍性的东西，对于具体的生存者而言，还只是具有不确定性的可能性，当个人还只是在这个普遍性的层面时，他就还只活在可能性之中，而没有活在自身个体的现实性中。知识的可能能够被个体的人据为己有或者"活化"在自己的生命中，关键在于其激情的内向性能够抓握住可能性中所含的客观的不确定性，即能够在这种不确定性中作出自己的决断，并因着激情而使之化为自身生存的真实。个人就是在这个"个体化"的过程中成为个体的人。个体的人所特有的激情包括从志趣、意愿一直到信仰的层面，并以信仰为其顶峰。这是我们在第五、六章将要分析的内容。

第三节 个体的人与生存过程

对祁克果个体的人这个范畴的把握离不开生存（existence）这个范畴。我们在前面已经看到，祁克果对这个范畴的阐述正是从生存出发。无论从内向性还是从主体性的角度去看个体的人，它们都表现出生存论的特质，并且最终都被归结为是一个过程（即"据有过程"）。这表明个体的人这个范畴中具有一个时间的维度。如果没有把握到这个时间的维度，对个体的人的把握就是不完全的。

在祁克果的思想中，生存这个范畴基本是一个哲学范畴，主要出现在托名于克里马库斯的著作中。在这些著作中，生存总是与具体的生存者关联在一起。在《附言》中,克里马库斯常用到"生存主体",或"生存着的主体思想者"(the existing subjective thinker)。通过这些词,他试图将具体的个人置于一个时间过程中,置于其生存的过程之中。因此,要了解生存这个概念,并由此进而理解个体的人,我们首先就要了解祁克果对时间的看法。

祁克果把传统哲学中的时间观念批评为是一种"空间化时间",认为这是一种对象化思维方式的结果。所谓"空间化时间"是指一种基本上指向客体的时间观。这种时间观的特点在于,无限流逝着的时间与客体的运动紧密关联,并且已先行区别出现在、过去与未来。时间真的原本就具有现在、过去与未来之分吗?祁克果对此是否定的,这种区分之所以可能,是由于人们对时间空间化或静止化的结果:

> 因为每个时刻,正像这些时刻的集合,都是一个相继过程,因此没有哪一个时刻是现在,同样也没有过去、现在、未来之分。这种区别之所以可能,是由于我们把时刻空间化,使无限相继的过程处于静止;是由于我们引入视觉化,以去透视时间取代了去思索时间。[1]

这种传统的时间观,即先行确定其现在、过去与未来的时序,并且将其与客体的运动关联起来,可以追溯到亚里士多德。在他的《物理学》一书中,亚氏说明了时间的这两个方面的特性。首先,亚氏确定了现在对于时间的优先地位:"显然,没有时间就没有'现在',没有'现在'也就没有时间。"[2] 惟

---

[1] CA, p. 86.
[2] 亚里士多德著,张竹明译:《物理学》,商务印书馆1982年版,第126页。

当有了现在,才能确定过去与未来的时序。其次,亚氏将时间与对象的运动紧密联系起来:"时间既然是运动的数,所以它确定运动。运动也确定时间。"① 没有客体的运动,人们无法确定时间。结合这两个方面,亚里士多德对时间给出了这样的定义:"因此可见,时间是关于前与后的运动的数,并且是连续的(因为运动是连续的)。"② 从亚氏的描述中,时间便与这样的图景联系起来(主要是近代以来的自然科学让人们加深了这种理解):客体连续穿越空间运动,时间成为这种运动的测量;客体已穿过的空间为"前",而尚未穿越的空间被视为"后";而"旁观者"或观察者开始关注或测量此运动的那一刻为"现在"。这样一种图像,使时间被视作为一个点的无限系列,代表了"现在"的点在客观匀速地移动着,以此点为界区分了"过去"与"未来"。按照美国哲学家马克·泰勒(Mark C. Taylor)的分析,这种时间观有这样几方面的特点。1)在这个均匀流逝着的无限系列上的每一个时刻都是同质的;2)时间是量化的,量化的时间因此可以测量客体运动的量;3)这种时间具有普遍性,与所有它所测量或描述的客体的属性无关。4)只有"现在"具有现实性。③ 当然,就其普遍性而言,还应该加上一条,即它的普遍性也与任何"旁观"的观察者没有直接关系。

对此,祁克果给予的批评是:

> 当人们正确地把时间定义为无限的连续相继时,把它

---

① 亚里士多德著,张竹明译:《物理学》,商务印书馆 1982 年版,第 128 页。

② 同上书,第 127 页。

③ Mark C. Taylor, Kierkegaard's *Pseudonymous Authorship*, p. 83.

划分为现在、过去和未来看上去像是合理的。然而，如果人们若认为这种划分是基于时间本身所蕴含的，那就是错误的了。因为划分最初呈现取决于时间与永恒的关系，以及在时间中对永恒的反思。真要是能在无限相继的时间中事实上找到一个支点，即现在，使之能够作为一个分别点，那么这种区别就是十分正确的。但实际上，每一个时刻都像其他时刻一样，是一个相继过程，没有一个时刻是现在，在同样的意义上也没有过去和未来。[1]

从这一段批评中，我们可以概括几点结论。首先，在逻辑上，对一个无限的连续相继过程，就其本身而言不可能区分出现在、过去和未来的时态。其次，"现在"对于时间的优先性表明，它是区别过去与未来的一个支点，因而也是使时间成为一个序列的关键性支点。但在祁克果看来，这是一个阿基米德点，是不自觉地站在整个时间序列之外的"旁观者"才能提供的，具体生存的个人则永远不可能达到。最后，祁克果认为，时间会有时态，但时间中时态的呈现与永恒相关，与永恒进入具体个人之生存（时间）的那个"瞬间"相关。祁克果把这个永恒的进入称之为"瞬间"，这个"瞬间"决定了现在，以及现在、过去与未来的同时呈现。我们在后面将会看到，这个"瞬间"与个体的人在激情的内向性中作出决断的那一刻相重合。

因此，对传统时间观的质疑主要集中在，传统的"空间化时间"是否能够描述个体的人的生存？个人反观自己的时候，真能像是一个"旁观者"观察某个客体一样，看清自己的生命

---

[1] CA, p. 85.

第三章 个体的人的概念

轨迹吗？祁克果对此无疑是否定的。与对象化思想方式的"空间化时间"观相对立，他提出了一种"生活－时间"。所谓"生活－时间"即基本指向生存个体自己的时间，或者说是个体的人在其生存中所展现自己的过程。这种时间观也必须要在生存论的背景下来理解。这种"时间"的基本特征是，在个体的人"当下"的具体生存处境下，个体只能是在不可逆的事态延续"之中"，这是一种"当下"的延续，个体在其中就等于其以内向性或主体性方式的"展开"过程。这是一种"局内"的时间，个体惟有在"事后"才能将"自己"与"过程"分别开来，才能对"过程"进行一种时序的或逻辑的重建。而这种"事后"的重建，总已经与个体的人那时"当下"的经历产生了某种存在论上的区别。

将这种时间观与生存概念联系起来，我们可以看到，生存就其表现出的时间维度而言，它具有这样两个方面的特征。首先，生存所展现的时间并不简单地等同于日常时间，而是与个体的人的内向性或主体性的展开相关的时间，或者简单地说，是与具体人的有目的活动相关的时间。这是以某个"瞬间"为核心而展现开来的过程，具体体现在，个体的人在内向性中以一种激情的关切观照自己的时候，尤其是关涉到面对不确定性需要作出某种决断时，个体的过去、现在和未来都以某种意义在当下向个体显现出来。换句话说，在主体的内向性中，过去以个人的已有"历史"的方式被个人具有，未来则以其向前延续的可能性的方式向他呈现。在这种时间性的意义下，生存表现为是从可能到现实的实现过程。这种实现过程也可以被看作是一种"个体化过程"。在以后几章的分析中，我们会看到，这种个体化的实现途径可以区分为两条主要的途径：伦理－宗教 A 的途径，以及宗教 B 的途径。

其次，生存过程是永远不会完成的过程。按克里马库斯的话说，个体的人始终处在成为的过程中，就是不断努力的过程：

> 他把所有的思考投入在生成中。这很像拥有某种风格（style），惟有那确实具有了风格的人才是永远未完成的。①

他把这种努力（striving）与《会饮篇》中苏格拉底所说的爱欲（eros）相类比，爱欲是不知满足的，在被满足的同时，总同时呈现出"缺欠"，激励其追求新的满足。因此它是"贫乏和富足结合所生成的"。同样，"什么是生存，生存就是无限和有限、永恒和暂时在一起生出的孩子，因此它是一种持续的努力。"② 生存就是向着某个目标的实现过程，当这个实现的过程停止了，生存也就停止了，尽管人在生理的意义上还活着。

生存在时间维度上的这些特征，同时也就是祁克果个体的人在时间维度上的特征。个体的人作为内向性或主体性乃是一种"据有过程"，并且这种过程是一个未有止境的努力过程。个体的人是与其实现或成为的生存过程统一在一起的。

---

① CUP, p. 86.
② CUP, p. 92.

第四章

伦理与宗教 A 的途径

祁克果最广为人知的学说就是其人生三阶段的学说，即人的生存可能会经历审美、伦理和宗教的阶段，而宗教阶段又可分为宗教 A 与宗教 B 这两种截然不同的形态。在祁克果看来，个人精神的有所觉醒是自伦理阶段开始，因此，我们可以说，对于有所觉醒的个人而言，其生存上的自我实现以及成为个体的人，可能会经历伦理的、宗教 A 与宗教 B 的阶段。阶段这个词有几方面的含义。除了具有前后相继的阶段这方面的含义之外，其他重要的含义就是一种生存的境界、类型或途径。如果我们侧重于后一种含义来看我们要讨论的问题，那么我们下面就会看到，伦理的与宗教 A 的方式乃有更多的相似之处。在祁克果看来，它们共同的特点就在于其内在的（immanent）的方式。因此，在本文看来，成为个体的人主要有两种不同的途径，即伦理－宗教 A 的途径，以及宗教 B 的途径。当然，这两种途径在祁克果看来并不是相当的，对于个人不具有同样的意义与结果。宗教 B 显然被他置于一个更高或更完全的一个地位。这说明伦理－宗教 A 的途径尽管对后一个途径（阶段）来说常常是必不可少的，甚至可以说是一个起点，但却是有其局限的。本章我们主要讨论伦理－宗教 A 的途径及其局限，以此为背景突出宗教 A 的基本特征。自下一章起我们再具体讨论宗教 B 的途径。

第一节 伦理阶段的特点

在祁克果的描述中，审美的阶段可以表现为两种表面上似乎完全不同的方式，即可以表现为"直接性"的方式，亦可以以"反思性"的方式表现出来。因此审美阶段的特点并不像我们有时误解的那样，似乎只用"直接性"就能够完全刻画。黑格尔主义式的那种"反思性"思辨同样也是审美阶段的一种重要表现。因此，严格地说，审美阶段的基本特点是由这两种方式所拥有的共同特点所决定，这就是缺乏决断。从我们上一章的讨论可以看到，审美阶段的一个主要特征就是指向或沉浸于所面对的事物之中，而尚未指向或面对个人自己。个人面向自己的内向性维度尚未开启，即个人尚未有自身的觉醒。在这个背景下，个人尚无能力来对自己作出某种决断。在祁克果看来，这种维度的开启不是一个认识论或知识层面的问题，乃是一个生存论层面上的问题。

伦理阶段的基本特征就是个人决断的出现。这里决断（decision）可以和抉择（choice）互换使用。决断的基本含义就是个人要在所显露出自身的多种生存可能性中作出某种抉择，并为此承担责任。祁克果对伦理阶段的论述主要集中在其成名作《或此或彼》中。严格地说，该书中所论述的伦理学上的观点，应该被归之为所托名的作者威廉法官。对于这本书中所阐述的伦理生存阶段所具有的这种抉择特征，按照美国当代哲学家马克·泰勒（Mark C. Taylor）的分析，它可以划分出两个层次。首先,在威廉法官看来,这种抉择意味着选择自己;其次,它意味着努力要达到某种目标的决心。后者以前者为其前提。①

就前一个层面来说,个人在伦理阶段对自己的选择可以和苏格拉底的"认识你自己"相对照来理解。威廉法官(或祁克果)之所以用"选择自己"来替代传统的"认识自己",是因为他思想的背景是生存论的,而非近代以来人们所习惯的认识论框架。和苏格拉底相似,对威廉法官来说,认识自己同时是一种生存性的行动,而不仅仅是一种思想上的思索:

> 伦理的个人对自己的认识,不仅仅是一种沉思,而是对自己的某种反思,这种反思本身就是一种行动。因此我有意使用"选择自己"来替代认识自己。②

这种用语上的变换不仅仅是一个说法不同的问题,而确实是两种不同视域或论域之间的区别。如果我们仅就近代以来认识论的框架来看"认识自己","自己"已先行地成为一个现成的认识对象,并且人对于对象化了的"自己"的认识,也只能是把其已有的特性揭示出来,而不会也不应该对其有所改变。但祁克果在生存论的论域中使用选择自己则与上述的含义完全不同。从某种意义上说,个人的"自己"并不是现成存在着的,如果说事先有某种"自己"的存在的话,那么经过抉择,这之后的自己也已经完全不同于这之前的"自己"。这其中所发生的是一种生存上的转变。这种生存论上的转变在逻辑性的论述上似乎是一种悖论:"这个自我此前并未生存,只是借着选择

---

① Mark C. Taylor, *Kierkegaard Pseudonymous Authorship*, p. 186.
② EO, II, p. 263.

而进入到生存（come into existence）。但它确实已经生存，因为正是它选择了自己。"[1] 在存在论的语境来处理这种转变，常常使用由可能（潜在）向现实（实际存在）的描述方式。而祁克果则在个人生存的视域中进一步将其与个人内向维度的开启关联起来。

这里我们所关注的是这种生存论的决断何以成为伦理生存阶段的特点，换句话说，所发生的转换在何种意义上与伦理的因素关联在一起。当我们关注这样的问题时，我们就不能不注意到这样的事实：个人对自己的选择，实际就是把一个有限的自己完全地接受下来，并对其承担责任。正是这种责任的因素使得这种个人的决断具有了伦理的色彩。

个人所要面对的自己的有限性通过一些具体有限的可能性呈现出来。这里特别要注意的是，个人在生存中所作出的决断表面上像是面对某个具体事情所呈现出的可能性，实际上，以事情之可能性呈现出的可能性正表明的是个人自身生存上的可能性。换句话说，个人自身存在的可能性或有限性通过其生存处境中事情的可能性或有限性表现出来。因此，个人面对有限自己的方式就是面对着一些有限的可能性。个人只能对其作或舍此或舍彼的选择，在威廉法官看来，这种选择是让人痛苦的。这不仅仅是因为这种取舍的价值或伦理评判往往要个人自己去掌握，而非别人所能替代：

> 人们选择自己之所以如此痛苦的原因在于：绝对的隔绝在这种情况下和那最深刻的连续性相合一，只要人还没有选择自己，那些或者是这种方式，或者是那种方式的不

---

[1] EO, II, p. 218.

同可能性就依然存在。①

因此，按照威廉法官的观点，在个人还没有选择自己之前，个人还是没有能力对生存中的可能性作最终的选择。这里不仅是一个价值标准的问题，还是一个选择自己的问题。而选择自己，在这些生存可能性的背景下，就是承认自己只是其中的一个可能性；就是接受自己（由于自身的某种缺陷）已不能成为其他之生存可能的这种有限性。因此，使自己与生存中的一个可能性相认同，其实就意味着接受自己的有限的"能力"和有缺陷的"性情"：

> 个人因此开始意识到作为这样一种有限个人的自己：具有这样一些才能，这样一些性情、本能、激情，被这样一些有限的周围因素所影响，成为这样一种有限环境的有限产物。当他这样去意识到自己时，他设定了要为所有这些而负责。②

然而，不管以哪种方式呈现，这种对有限自己的接受对于生存中的个人来说，都是一个痛苦的过程。只要个人仍然把造成自己有限性的原因归于环境或其他因素，他就不会真正接受这个有缺失的自己，直到他把这个原因真正地归到他自己身上，为之承担起责任，他才能够在对已成事实的有限自己有所悔悟的同时，把其作为一个结果接受下来。因此，用威廉法官的话来说，有所悔悟是个人在选择自己这个层面上的重要特点："不管这个命题本身是多么简单，我也要时常重复，这就是，选择

---

① EO, II, p. 221.
② EO, II, p. 255.

自己即对自己有所悔悟。"①

个人对自己的有所悔悟并不是消极的,在威廉法官(或祁克果)看来,这乃是个人有能力作出伦理决断的前提,因为只在经历了这种对自己的选择之后,个人才能真正地面对自己,面对这时向他更进一步敞开的处境,也才具备使用伦理准则来进行抉择的能力。这就过渡到决断作为伦理阶段之主要特征的第二层面:向着某种目标努力的决心。它涉及到个人意志的因素。具体体现在个人在涉及到具体可能性间的选择和评判时,他力求使自己依循着某种普遍性的标准或准则。这里,依据准则作出选择至少有两方面的优点:1)避免每次选择的痛苦;2)使选择得到理解和承认。而后者相对于前者来说是更为重要的。个人在作出决断的同时,尽管可能是在事后,他总会为这种决断寻找某种合理性的依据,以期能够被他人所接受。在这种意义上(尽管这不是一种逻辑上的论证),具有最大普遍性的指导原则实际上成为伦理生存所必需的:

> 以伦理方式看待生活的人看到的是普遍性,以伦理方式生存着的人在其生活中也表现出普遍性,他使自己成为一个普遍的人,并不是说他让自己脱离了他的具体性,那样的话他就成为了无。而是通过它来包裹自己,并且使其充满普遍性。②

在这一点上,威廉法官似乎可以和康德以某种方式关联起来。所谓原则的普遍性是指:它在任何处境下对任何人都是适用的。在这方面,康德的绝对律令是一个典型的例子,它代表了

---

① EO, II, pp. 252-253.
② EO, II, p. 260.

人性中普遍性的东西。越是能够把普遍性原则用于自身的人，就越是能够得到人们的理解和称赞。

> 那真正出类拔萃的人就是真正通常的人，那普遍的人（性）在一个人生活中实现的越多，他就越出色。①

当然，如果让祁克果来看威廉法官所说的这种出色时，他并不一定是赞扬的态度。

从这种表述中，我们可以看到个人的自我在伦理阶段中的自我实现所具有的特点，即自我作为具体有限之可能性，借着在普遍性原则指引下所作出的抉择，把自己公开出来，实现为具有历史现实性的延续性（continuity）。这种历史的延续性就是一个人自我的统一性的表现。在这个意义上，这种伦理的途径成为一个人实现自我的一种途径。借助这种途径，那通过决断表现出来的人自己，终于靠着一种普遍性的原则将自己统一起来，这种普遍性让这个显露出来的自己具有了某种存在上的合理性，而使得其能为个人或他人所接受。然而，在这个实现过程中，个人之具体的生存与普遍原则之间始终存在着一种张力。这种张力的存在使得个人的意志成为这个过程中十分重要的因素。因此，在威廉法官看来，这种延续性是个人意志的结果：

> 一个人永恒的尊严在于他有一个历史这个事实。他身上那神性的因素在于这样一个事实：他自己，如果他愿意的话，能够给予这种历史以延续性，只要它不再是那些偶

---

① EO, II, p. 333.

然发生或临到我的事件的集合,而是我自己的工作。①

在这种具有张力的延续过程中,个人努力胜过种种的遮掩、抑郁、幻象乃至绝望。这种伦理的阶段之所以能够看作是一种自我的途径,就在于以威廉法官的眼光看来,它也是个人的自我能够得以实现出来,并胜过各种掩藏和压抑性因素的一种途径。

如果我们要概括这种伦理途径所具有的特点的的话,我们已经看到它所具有的两个特点:1)自我性,个体关注的是"自我"。实际上,自我实现已经成为个体的目标:"个体的人在其自身中有其目的论,有内在的目的论,他自己就是他的目的(论)。他的自我因此就是他努力所向之的目标。然而,他的这个自我并不是抽象的,而是绝对的具体。"② 2)普遍性,自我实现的过程因其最高的伦理准则而具有普遍性:"因此他[伦理的人]的伦理任务就是从其遮掩中走出来,而在普遍性中显露他自己。"③

总之,从我们以上的论述中可以看到,具有上述特点的伦理途径如果有可能的话,它一定是建立在这样两个前提的基础上。首先,个人能够选择自己,就是说,个人能够认识并承担起他的道德责任;其次,个人有能力和意志去实现他所认识或确定的伦理目标。这两个前提在祁克果自己(或站在其他立场的托名作者)看来,都是有疑问的,而非自明的。

首先,按照上述的语境,认识自己即选择自己,而选择自

---

① EO, II, pp. 254—255.
② EO, II, p. 279.
③ FT, p. 91.

己在某种意义上说即建立起与自己的一种（接受）关系。下章我们会看到，在《致死的疾病》一书中，安提－克里马库斯从基督教的立场上提出，这种个人与自己关系的恰当建立，一定要依赖于一种更高的存在（上帝），而非靠个人自己所能作到。在这个意义上，个体的自我是非自立的。从这种立场上如果要提出疑问的话，可以设想安提－克里马库斯的一个疑问就是：如果个人在对自身的有限有所悔悟的同时，能够面对或接受一个有限的自己的话，那么，对罪（sin）无所意识的人所有的悔悟意味着什么，或者能够达到怎样的程度？显然，在上述的伦理途径中，罪是在其视域之外的。所以这种疑问显然是在更高阶段的背景（基督教）下提出的。不过，安提－克里马库斯在这本书中尽管是站在基督教的立场，但他对自我关系非自立性的表现——即绝望——的讨论，仍然可以看作是在某种生存论的层面上。这里表现出的冲突在于，关于自我关系的讨论确实不能够局限于伦理学的领域。在伦理的领域，尽管个人可能并不反对上帝的观念，但人们往往把他看作是人保证自己意念之永恒性、并以此展开自我之延续性的一种手段，个体的自我被认为是自立的。

其次，即便人们能够认识自己的责任，并且确定最高的伦理目标，个人是否有能力或意志去实现它？祁克果（或其托名作者）对这种伦理上的乐观主义给予的批评是，这个前提中包含了"应当就意味着能够"这样的设定。尽管前面也谈到个人对自己的选择涉及到对自己有限性的认识。但从基督教立场上的托名作家看来，这种设定还是忽视了个体生存中实际存在着的罪与恶。当然，罪的问题确实超出了伦理学的范围。其实，就是从伦理学或生存论的角度看，伦理的目标作为一种理想也

总不会全然转化为现实,它永远只能是人们逐渐接近的目标:

> 伦理学指向理想,将其作为一种任务,并假定人具有实现它的必要条件。因此伦理学发展了一种矛盾(冲突),确切地说是这样一个事实:它使得困难和不可能性显明出来。①

这表明伦理途径的一个突出问题:个人对自我的认同与对伦理目标或伦理准则的认同等同起来。个人自我实现的特殊性与伦理准则的普遍性之间所具有的冲突或差异被忽略了。因此,如果这种途径对于自我的实现来说显明是不可能的话,那么,这种不可能性的显明是以这种方式表现出来:由于实现理想的伦理目标与实现自我之间的紧密关联,实现伦理目标的失败即被看作是实现自我的失败。

第二节 宗教 A 的实现途径

上面的讨论让我们看到,从自我实现的角度来说,伦理阶段的生存实际上表现为一种抉择和持续的努力:通过投身于绝对普遍的伦理原则所指示出的约束性责任,力求成为真实的自己。具有这种特征的伦理生活成为宗教生活的起点,并且始终是宗教生活中的一个必要因素。按照伊文斯的话来说就是:"伦理生活没有宗教性生存是可能的,但没有伦理的生存,宗教生活则是不可能的。"② 这就涉及到伦理与宗教阶段(或途径)的区别及联系。

---

① CA, p. 16.
② Stephen Evans, *Kierkegaard's "Fragments" and "Postscript"*, p. 139.

祁克果并没有专门或集中地谈论伦理与宗教阶段的一般性关系。因此关于两者的一般性关系,我们只能得到一个非常粗略的看法。按照克里马库斯的表述,伦理与宗教的区别,不在于是否承认上帝,或者是否承认人的存在与上帝的关系,而在于这种上帝关系的本质。① 一般地说,伦理的人也承认上帝的存在,但他同时认为其自我是自立自足的(至少潜在地如此)。这主要体现在他认为自己有能力靠着实现伦理原则赋予他的责任而实现他真实的自我,并因此能够使之与上帝发生某种形式的关联。可以说,在这个过程中,个人是积极主动的,而上帝是被动的,甚至只是一种理论上的前提或设定。反之,在宗教生存中,就个人与上帝的关系来说,个人不是自立自足性的,而是依赖性的。这种非自立自足性使得真正的悔悟成为可能,个人在其中所认识到的自己的有限性同时也包括了不能靠自己来达到那绝对的准则和目标。这种对"不能"的悔悟与罪(sin)的观念紧密联系在一起。因此,如果要区别伦理与宗教的阶段,那么,如祁克果通过几个托名作者所强调的,正是罪的观念把伦理的阶段与宗教的阶段分别开来。

这样一种区别在宗教 B 中表现的比较明显,而宗教 A 的情况则比较特殊。严格地说,如果以对罪的意识划分伦理与宗教的话,这个标准只适用于基督教的情况,而宗教 A 的形态可以说仍然在伦理的这一侧。这也是我们在本章中把它与伦理阶段放在一起,作为相似或同一条途径来描述的主要原因。当然,这不完全是笔者自己的观点,而更主要的是祁克果(或克里马库斯)自己的看法。这一点我们可以从克里马库斯对宗教

---

① Ibid., p. 139.

A 内涵的论述上看到。

　　从内涵上来规定宗教 A，可以把它看作是托名作者克里马库斯站在生存论的立场上对宗教信仰所作的一般性的表述。它既有用生存论的语词来一般性地表述宗教信仰的侧面，同时也有从生存论角度对宗教作一般性研究的侧面，但其共同之处都在于从生存论的角度关涉到宗教一般，因而基本上是以人生存中共同的宗教经验为其前提。可以把它看作是对人类已有实存宗教的某种一般性描述。因为它是对宗教的一般性描述，所以它原则上也应当包含基督教在内。但克里马库斯对宗教作这种一般性描述的意图之一也正是要在生存论这个平台上刻画一般宗教与基督教的区别，即突出基督教所具有的某种特殊性。在这个意义上，克里马库斯在生存论层面上对基督教的论述更侧重的是其特殊性，与对其他宗教的一般性描述形成对比。这也就是他何以要区分宗教 A 与宗教 B 的用意。因此，实际上宗教 A 在外延上基本上包括了除基督教外的其他宗教形式。当然并不只是已有的实存宗教在此范围，就克里马库斯（祁克果）对这个词的使用来说，他同时也把通过哲学和人文学科所体现出来的西方传统思想包括在其中，比如他把苏格拉底的思想就归入这一类，这是因为在他看来，这种形式的思想学说最终的目的是与宗教 A 相一致的。

　　从这种宗教 A 的视域来看其所理解的上帝观念，这种上帝观念的前提乃在于：存在着一种能够为人所知的关于上帝的自然知识，这种知识是以人的意识中普遍共同的或"内在"的东西为前提。[1] 人对上帝的认识乃是基于人类所积累的这种普

---

[1] Ibid., p. 148.

遍的知识。这也就是为什么祁克果总把这种宗教归为"内在宗教"的原因。尽管对宗教的这种理解方式主要表达了近代以来西方自然神学的一些基本观点，代表的是一种人本主义生存论的基本立场，但克里马库斯（祁克果）把这看作是宗教 A 一般的特点，即亦适用于对其他宗教（除基督教外）的概括，例如东方民族的宗教。它们追求的是人类共有的具有普遍性的经验，是人自己内心的体悟或修炼，强调的是人类代代积累的知识。

以宗教 A 的这个前提去理解上帝以及和他的关系，就不可避免地与人在生存中对伦理绝对性的认识及其的关系紧密地交织在一起。康德的道德学说从一定侧面表达了这种紧密联系。而与其稍为不同的是，克里马库斯在生存论的视域中更具体地刻画了这种联系。如果我们问，在什么意义上，上帝对个体有所呈现？那么从宗教 A 的角度看，其所关注的核心就会集中在个体自身已经开启的内向性维度，以及个体在其生存过程中切实经历着的对伦理原则的"据有过程"。按照克里马库斯的思路，在实际的生存中，个体并不是被动或直接地接受现成的道德习俗或原则。伦理生活不是一种习俗的模仿或原则的照搬。道德意识以个人在其内向性维度中所拥有的自由为前提，而这种自由又以所要遵循和实现的伦理原则的绝对性为其前提。但伦理原则的这种绝对性与个体所处具体处境的个别性形成了一定的张力，原则在具体的处境下总会有几种可能的解释。个体在这种客观不确定性之中对绝对原则的"据为己有"常常是以这样的信念为前提：上帝在这处境下将这原则已经具体地显明出来。换句话说，当这种绝对性上升到它是上帝的绝对律令时，伦理的原则就不再呈现出其规条的僵硬性，而是表现为上帝在个人具体生存处境下的具体律令，并因此激发起个体从内心发出的一种激情的反应。这就是个体生存中"据有过程"所产生的结果。在这过程中，因为上帝借着其律令的绝对性呈现给个体，因此，个体把上帝接受为这个世界或宇宙的创造者和统治者。

从这里我们看到，如果说宗教 A 与伦理的阶段有什么区别的话，那就是宗教 A 明确地承认一个与世界（自我）有分别、甚至在一定意义上创造了这个世界的上帝。然而，这种承认也仅限于创造论的范围而已，尽管在宗教 A 这个阶段，自我对伦理上至善的关注移向了对宗教上的永福的关注，这种永福的观念仍然没有达到救赎论的范围，后者只有宗教 B 真正地涉及到。下面我们就来介绍克里马库斯用来描述宗教 A 的几个重要概念。这几个重要概念刻画了宗教 A 这个途径。作为个人"个体化"的途径，我们会注意到它与伦理的途径实际有很多可以通约的地方。

永福（eternal blessedness）是《附言》中克里马库斯讨论宗教 A 的一个重要概念。它显然是一个一般性的宗教范畴，要想清楚地解释这个范畴的含义并非易事。我们可以暂且把它分成两个部分来理解。就克里马库斯的生存论立场而言，永恒（eternal）虽然可以看作就是永恒的上帝，但更多地被看作是永恒的真理，两特点都在时间之外。而与之相关的福惠（blessedness）从宗教上虽然多被理解为是人所可能得到的永恒生命或灵魂不朽（immorality），但从人现世的生存体验上，作为一种宗教经验，则常被理解为人在"永恒"中得到的那种宁静。因此，永福（丹麦文 Salighed）不同于通常意义上人们所追求的幸福（happiness, lykke），后者常与人们得到了十分想得到的、那种可以用好的运气或努力换得的结果等词语来描述的东西相关。而永福,当其被作为一个绝对的目标时,其突出的特点即:永福只能由其寻求的途径本身赋予其意义。用伊文斯的话来解释就是,它与这种实现途径的关系不是后果性的,而是同质性的。① 换句话说,如果这种永福能够被人所追求到的话,那么它一定不是某种途径(如宗教 A)的结果,而是发生在这个寻求途径的过程之中。个人在这种寻求的过程中经历到某种可以称之为宁静或永恒的体验。

如果我们把宗教 A 看作是个体追求永福的一种途径,那么这种途径就与三个因素相关,即弃绝(resignation)、受苦(suffering)以及罪责(guilt)。当宗教 A 被看作是个人实现自我的途径,那么可以说,个体本想在永福中来认同自己,在那种永恒中来确定和稳固与自己的关系,从而达到对自己的和解或满足。但实际上,下面的考察会让我们看到,个体只是在一种罪责生存中看到真实的自己。

所谓弃绝是这样的一种理想状态:个体将自己绝对地交托给绝对,相对地交托给相对。换句话说,当相对的善与绝对的善或永福发生冲突时,个体为了绝对善,愿意放弃任何一种与之相冲突的相对善。在生存论上,这种愿意放弃的状态就是弃绝。与这种状态相反的状况就是思辨性的沉思。它不仅混淆了思想与生存的区别,而且使绝对与相对失去区别。原本是绝对的,会被思辨为相对的,而相对的则被当作是绝对的。② 所以,弃绝的前提就是绝对善的确立,而除此外,个体自愿地受

---

① Ibid., p. 144.
② CUP, p. 405.

苦也是其必要条件。

受苦乃是达到弃绝状态的必要条件。它是个体所经历的"向直接性死去"的过程。这种受苦与日常意义上的苦难或苦恼完全不同，也非人对自己身体的自我体罚。从宗教A的角度来看，受苦乃表现为一种自愿的自我否定，即在那更高的存在者面前，承认个体自己的有限，愿意听从他的律令，并可能因此体验到某种永恒的宁静。这种宗教意义上的受苦是宗教生活中普遍存在的因素，其实它存在的前提正在于人们习惯于把自身的自由看作是自立的结果，因而需要受苦这样的过程才可能使之有所转变。

但罪责，这个用来描述一般宗教生活的决定性因素，则表明，尽管个体作出了各种努力，他终会认识到自己离所追求的目标是何其的远，并且此时，他因为自己要为这种个体性实现的结果承担整个的责任而深感罪责。罪责对宗教A之所以是决定性的因素或表述，与如下两个方面的原因有关。首先，在克里马库斯看来，只有当个体真实地经历到罪责时，个体的人与永福才实际地在生存上关联起来，这当然是以"否定"的方式。"我"在"不能"中看清了永福的实际所在，同时，也正是参照着这种更高或永恒的参照系，"我"看清了自己在有限生命历程中的"不能"。这种"不能"与日常所经历的某种挫折或失误无关，它不是某种具体处境下的某种失误给人带来的自责。这种"不能"表明了个体之人整体生存状况或特质上的特征，成为个体对自己整体生存状况或特质的意识。因而其次，这种对自身整体状况的罪责意识是衡量个体生存深度的一种标志。正如克里马库斯所表述的：

因此，对罪责的必然意识是最深地插入生存的可能。

同时，它也是对这样一个事实的表达：个体生存者与永福相关了。①

关于个体生存与罪责意识的关系，海德格尔在其《存在与时间》中作出了进一步的探索。② 简言之，海德格尔将其与个体听到的来自良知的呼唤联系在一起。在这种良知的呼唤中，个体看到自己本己的能在，但这种本己的能在却是以罪责的存在向个体呈现出来。对于不熟悉生存论词语的人来说，这样的表述可能有点抽象。相比之下，基督教早期的使徒保罗所说的一段切身体验似乎更容易理解一些。他的这段表述可以看作是对罪责意识的一种描述："立志为善由得我，只是行出来由不得我。故此，我所愿意的善，我反不作；我所不愿意的恶，我倒去作。若我去作所不愿意作的，就不是我作的，乃是住在我里头的罪作的。我觉得有个律，就是我愿意为善的时候，便有恶与我同在。因为按着我里面的意思，我是喜欢上帝的律；但我觉得肢体中另有个律和我心中的律交战，把我掳去叫我附从那肢体中犯罪的律。我真是苦啊！谁能救我脱离这取死的身体呢？"③ 这里，保罗突出了这种生存上的"不能"，它甚至不是个体自己的意志所能左右的。而这种"不能"恰恰是在个体愿意为善，或者是愿意追求那种绝对的时候，向个体呈现出来。不过我们也要注意到，使徒保罗所表述的这个体验是从基督教的角度表述出来的，其中已经包含了他对自身罪——这个基督教特有范畴——的认识。而在宗教 A 这里，人的罪责意识还

---

① CUP，p. 531.
② 海德格尔：《存在与时间》，334 页起。
③ 《新约·罗马书》（和合本），7：18－24。

只是在生存论的层面上而言的,还没有达到"罪"的层面。

然而在生存论的表述中,由于罪责与生存上的这种关系,人们十分易于把罪责归于生存上或本体论上的原因与特质(ontological quality),而消去其伦理方面的特质(moral quality)。克里马库斯亦流露出这种倾向,但他最终给予明确的否定,因为如果如此的话,"罪责感就只是生存的苦难而已"。① 不过,即使强调出伦理方面的特质,对罪责的意识仍然不等于对罪(sin)的悔悟。宗教 A 由于只能深入到个体生存中的罪责存在,而尚未涉及到罪的层面,与宗教 B 有截然不同。

第三节 伦理-宗教 A 与宗教 B 途径的对比

从上面我们分别对伦理和宗教 A 所作的论述中,我们可以看到在它们之间有一些基本的共同之处。这些基本的共同之处使我们能够把它们看作是同一条或至少是相似的途径。

首先,它们最基本的共同之处就是所谓的"内在性"。它们都属于祁克果所称之为的"内在"的途径。这种内在性的基本含义在于:无论是就伦理的阶段来说,还是就宗教 A 的阶段而言,个体与其中所追求的"绝对"都以人共同意识中最为普遍的东西为前提。在伦理阶段,这种绝对体现为人们普遍认可的伦理准则;在宗教 A 的情况下,即使是承认有一个创造者的上帝,人们对上帝的认识仍然可能是以这种人类意识上最为共同的东西为前提。这就是克里马库斯何以时常在用词上把"上帝"等同"真理"或者"永福"的原因。在一个重要的层

---

① CUP, p. 528.

面上，这反映出这种绝对仍然是人们想要寻求的一种普遍理想或目标。伦理与宗教 A 在这种内在性上的共同之处，也常使得个体在其实际生存的内向性过程中难以明确地分出彼此。一方面个体借着伦理的绝对性达到对上帝的认识；反过来又通过上帝的观念能在内向性的自由中行出伦理的真实。

其次，它们之间另一个共同之处就是个体自我的自立自足性。就伦理的阶段来说，这正是它的两个前提。就其自立性来说，即个体能够选择和建立与自己的关系；而就其自足性而言，乃指个体自己能够努力地达到伦理的责任或目标。宗教 A 尽管没有明确地以此作为自己的前提，但从克里马库斯的论述来看，其生存论立场至少潜在地肯定了这两个前提。按照克里马库斯所论述的宗教 A 的观点，它肯定个体的"自我"原本就是不朽的：

> 这里所经常遭遇到的一个问题就是：（对于永福）如何能够有一个历史的起点。在宗教 A 情况下，不存在这样的历史起点。个体在时间中发现他只能设定他是永恒的。[①]

换句话说，就本源的意义上，个体自身就有永福的凭据，这就是灵魂的永恒性。这个依据使得个体自我的自立成为可能。个体所要作的，只是如何向自己的内心深处挖掘，去掉由于世界的现实生活所带来的各种遮蔽，而让那本源性的东西显明出来。所以，在这种意义上，对上帝或永福的寻求被转化为对"真理"的追求。这在一定程度上反映出宗教 A 立场所坚持的

---

① CUP, p. 573.

自我的自足性。

　　由于这些共同的特点所决定，当个体把伦理－宗教 A 作为一种自我实现的途径时，沿此途径所得到的或许是个体未曾想到或不愿看到、与当初追求目标正相悖的结果。这个结果用一个词来概括就是罪责（guilt）。个体向绝对的追求，本想在普遍中实现自己，结果得到或者经历到的却是罪责的存在。无论是追求绝对的伦理目标，或是宗教上的永福，当个体将其与自我实现关联起来时，追求这种绝对的失败，即意味着所要实现的这个"自我"的失败。这种失败让个体陷入绝望中。这里，伦理－宗教 A 这条途径所遇到的最大问题就是：一旦当个体无可避免地落入到这种生存上的罪责之中时，此途径没有给个体提供任何能够让人从中走出来的路径或前景。罪责的生存似乎就是这条途径的尽头。

　　就祁克果来说，他对宗教 A 的看法可以分为两个层面。首先，从《附言》中克里马库斯的论述，宗教 A 作为从生存论的立场或角度对宗教所作的一般性表述而言，祁克果并没有明确反对，他自己也常在生存论的语境下来探讨信仰或者基督教信仰的某些方面。可以把这种探讨看作是他整个复调论述方式中的一个线索。但另一方面，针对宗教 A 的具体表现形态，如黑格尔主义，甚至苏格拉底的哲学思想，他则明确反对或与之保持一个距离，而力求突出宗教 B 的立场，并把后者看作是一个更高的阶段。

　　在《哲学片断》中，克里马库斯（或祁克果）通过一种"实验性"的思想方案的方式，对照了他所说的宗教 A 与宗教 B 的区别。这种思想方案所使用的语境来自希腊哲学所关心的一个问题："真理是可学的吗？"按照苏格拉底当时实践的思想方法，以及由此而形成的西方哲学传统，设定了此问题解决的前提在于：人自身已经以某种方式据有了真理，只是人暂时将其忘记或被蒙蔽。这是此问题能够被肯定地回答的一个前提。在此前提下，教师的作用乃是一种助产士的作用，即帮助对方把他已有的东西回忆或明确出来。因此，在此问题上，该个人在获得真理上具有某种自立性，而教师在此方面的地位——究竟是此教师或彼教师或是否需要教师来助产——则是偶然性的，而非必要的条件；与此相应地是，个人明白真理的时间也同样具有偶然性。

但克里马库斯认为，在逻辑上，另一种思想方案同样是可以成立的。如果个人获得真理的时间可以是偶然的，那么也完全可以设定，个人对真理的把握与某种决定性的"瞬间"相关。进而，如果这种"瞬间"对个人真是决定性的，那这只能表明个人在此"瞬间"之前不具有真理。因此，帮助他获得真理的教师就是一个必要而不可缺少的条件，他是某个确定的教师，而不是随便的那个教师。他给予门徒以认识真理的条件，这些条件人们或许原本有，而现在却失去了。如果此教师的身份不再是助产士，

> 那么，我们应当把这样一位再次给门徒提供条件又提供真理的教师称作什么呢？让我们称他为一个拯救者，因为他确实把门徒从不自由中拯救出来，把门徒从自身中拯救出来。①

这种对比把我们的目光集中到这个"瞬间"的起点上来，

---

① PF, p. 21.

这也正是宗教 A 与宗教 B 的关键区别所在：

> 这里所经常遭遇到的一个问题就是：如何能够有一个历史的起点。在宗教 A 情况中，不存在这样的历史起点。①

在宗教 B 中，这个"瞬间"之所以占有重要的地位，是与这种宗教属于一种"超越的"宗教形态紧密相关。基督教作为宗教 B 的类型，其突出的特征就在于其通常所称的"超越"的维度，在我们这里的语境下，"超越"的含义乃是指：人与之相遇的那个永恒（上帝），在人与之相遇的"瞬间"之前，乃是在人的一般宗教意识"之外"；这种"之外"的意义具体地体现在：上帝并不以某种方式（潜在地）存在于人的意识之中，人们在那个"瞬间"之前，并不是普遍地对他有认识。而是，如基督教信仰所认为的，他在这个"瞬间"实际地把自己"肉身化"到人类的历史中，借着实在的历史事件现实地与人发生了关系之后，人们才开始有了认识他的条件。因此，基督教所依据的历史性有其特殊和不能取代的地位，正是这种与历史的关系构成了其不同于宗教 A 的"超越性"层面。《哲学片断》对两种宗教形态的比较得出的正是这个结论：

> 众所周知，基督教应当成为每个人的永恒意识起点的惟一历史现象，也应当是每个人不单从历史方面去感兴趣的惟一历史现象，也应当是每个人赖以去建立他和永福关系的惟一历史现象。尽管基督教是历史的，而事实上，它也亏得是历史的。基督教的这种想法是任何哲学都不曾有

---

① CUP, p. 573.

过的（因为哲学只适用于思考），是任何神学都不曾有过的（因为神学只适用于想象），也是任何历史知识都不曾有过的（那种历史知识只适用于回忆）。①

然而，也正是由于与历史的这样一种紧密相关，构成了宗教 B 的独特问题：永恒上帝与他在人类历史上"道成肉身"的那个人的合一关系，成为人们在这种信仰中所必须面对的 Paradox（悖谬）。个人对自身罪的认识，以及能够从这种罪中脱离出来，成为最高意义上的个体的人，在祁克果看来，都与这个 Paradox（悖谬）紧密相关。

---

① PF, p. 137.

第五章

罪与人的个体化

对祁克果来说，宗教 B（基督教）是与宗教 A 完全不同的途径，是宗教阶段中的最高境界或途径，惟由此途径才能最终成为个体的人。而这个途径的起点就是罪，或个人自己对罪的意识。因此，祁克果希望在理论上再次唤起人们对罪的问题的重视。可以说罪的问题在他的思想中占据着某种核心的地位。他自己认为他写的最好的两本书之一，《致死的疾病》，就专门讨论了绝望与罪的问题。他的罪论的一个重要特点就是，他把罪与人的生存中个体精神的觉醒直接关联起来，并且进而将其置于已被忽视的那个超越之维（更高存在者）面前。在他看来，绝望证明了个体觉醒的精神具有非自立性，它依赖于一种更高的存在。而罪从根本上说就是对这种更高存在的拒绝。他对罪的讨论开创了一种生存论的阐释立场，因而成为现代思想试图去理解罪的重要进路之一。尽管祁克果把自己对罪的阐释方法归之为一种"心理学"方法，但它实际上更近于一种生存"现象学"的方法，在这种方法中始终包含着这样一种维度：生存的个人对自己罪的意识或觉醒（而不总是意识到他人或社会的罪）。具体地说，从这种进路去理解罪，即是将罪的问题置于人之成为个体的人（或一个基督徒）的生存过程中去理解它。

第一节 祁克果罪论的出发点

在上个世纪祁克果所处的时代,自然神学和思辨哲学分别在神学和哲学领域占据了主流。受启蒙运动以来人文精神的影响,它们的一个共同特征就是把人的理性看作是终极性的,力求在理性中找到对于一切事物的最终说明。理性法庭成为人认识的终审法庭。当人们在这个原则下去认识罪的问题时,上帝这一超越的维度被取消了,罪(sin)的问题也就随之变成了恶(evil)的问题,[①] 成为人们向外看到的社会的罪恶问题。对于它的讨论因此也就被约化为是道德论的问题。

在康德那里,这种恶的问题典型地表现为是一种道德论上的问题。于是罪的起源问题成为恶的来源问题,原罪似乎成为不可理解的了。他认为:"最不适当的一种方式,就是把恶设想为是通过遗传从我们的始祖传给我们"。[②] 他力求从理性上寻找恶的根源,将恶与人的理性和行为关联起来,从而使每个人要为这种由于自己的理性和行为而出现的恶承担责任。"每一种恶的行动,如果我们要寻求它在理性上的起源,都必须这样看待它,就好像人是直接从天真无邪的状态陷入到它里面一样"。[③] 人是完全自由的,所以个人自己要为这种"陷入"负

[①] Bernard Ramm, Offense to Reason, San Francisco: Harper & Row, Publisher, 1985, p. 7.

[②] 康德著,李秋零译:《单纯理性限度内的宗教》,香港汉语基督教研究所,1997年,38页。

[③] 同上书,39页。

责。换句话说，如果人的理性认识到自己所应该做的，并按照那道德的律令去做，人就可以摆脱这种恶。这其中就包含了康德伦理学的著名原则"我应该，我便能够"。

黑格尔的思辨哲学在罪的问题上不仅取消了超越的维度，同时使其进一步越过了伦理的含义，而单纯地成为了一个存在论上的问题。恶成为具有逻辑意义的"否定"，即被看作是推动精神演进的一个促动因素或环节。具体地说，个人对自己意识或反思的有限性本身就是恶，"人在他自在的即自然的状态跟他在自身中的反思之间的联接阶段上是恶的"。[①] 如果说人必然要从自然状态迈向自我意识，那么，这种恶就是必然的；如果说有限的认识或反思相对于其最终要演进到的更为普遍的精神而言尚属无知，那么恶就是一种无知。在这后一点上，黑格尔的思想与苏格拉底对恶的看法有相似之处。

祁克果罪的学说与上述的观点有根本的区别。我们在祁克果的《致死的疾病》一书中可以看到这种区别。在托名于安提-克里马库斯的《致死的疾病》这本书中，安提-克里马库斯从基督教的立场上阐述了基督教的罪的学说。尽管祁克果在这本书只是以编者的身份出现，但他原本是想将它作为署名作品来出版的。由此看来，安提-克里马库斯的观点应该十分接近于祁克果本人的观点。在这本书中，安提-克里马库斯（本章即当作祁克果）认为：

> 正是罪的概念或关于罪的教诲最鲜明地将基督教与非基督教世界从质上区别开来，这也正是基督教从来就认为

[①] 黑格尔著，范扬、张企泰译：《法哲学原理》，北京：商务印书馆，1995年，第143页。

非基督教信仰和自然人都不知道罪是什么的理由。①

可以说，就是在对上述观点的批判中，在与整个西方哲学思想的区别中，祁克果的罪论方显出它自己的特点。在继续下面的讨论之前，这里要注意的是，由于安提-克里马库斯这个论述立场的介入，下面的讨论中已经不可避免地有一个基督教（宗教 B）的角度，不过，祁克果为了能够与上述的希腊哲学思想在同一个生存论的平台上对话，他让安提-克里马库斯的论述仍然具有一定的生存论的特征。并且，祁克果也特别希望能够在这个生存论的层面刻画出基督教思想（宗教 B）与希腊思想传统的区别（宗教 A）。

首先，安提-克里马库斯从根本上批判了自苏格拉底以来在西方哲学传统中一直存在着的"罪即无知"的理性主义思想，这种思想总是想把罪或恶的根子归在人的认知上。在安提-克里马库斯看来，造成这种倾向的原因在于，这种思想把理性或理念的世界看得更加根本，并且在此基础上，把人从根本上看作是理性的。认为人的理性构成了人之为人的根本，好像人只要从理智上明确了，就一定能够在生存中表明出来。苏格拉底的那句为人所熟知的名言表达了这种思想传统："知识即是美德"。虽然这句话可以有多种理解，但它的一个重要的反意却是明确的，那就是"罪即无知"。

但在安提-克里马库斯看来，这种思想传统忽视了具体生存中个人的更为原始的意愿或情感。而基督教所言的罪正与人的这种本源相关联。"按照基督教的解释，罪的根子在意愿中，

---

① SUD, p. 89. 中译文参见《致死的疾病》，张祥龙等译，第 79 页。（以下引文均参考了这个中文译本。）

并非在认知中,并且,这种意愿的堕落影响到个人的意识。"[1]个人的意愿对于个人的生存来说,要较个人的认知具有更原始更直接的关系,而在苏格拉底式的"罪即无知"的定义中,"缺少的就是这个意愿或这个违抗的意志了。"[2] 在安提-克里马库斯看来,理性主义思想"无法理解人竟然可以有意识地不去为善,明知何为正确,却偏去做那错的,"[3] 理性主义者总以为人只要去"我思",就会怎样"我在",只要知道了"应该",就一定"能够"实行。但按照安提-克里马库斯,从个人生存的角度看,无疑在"思"与"在"之间,在"应该"与"能够"之间,以及在认识与实行之间无疑存在着一段距离,存在着一个生存论上的沟壑,存在着一种生存论上具有决定性的转换,基督教所言的罪正是在这种转换之中。[4] 在现实的生存中,安提-克里马库斯举出常常有这样富有笑剧性的事情:

> 当一个人站在那里说着正确的事情,因而表明他理解了它,可一旦行动起来却做出错误的事情,并因此表明他并没有理解它,就是极富于笑剧性的了。[5]

这并不是说当事人在伪装,或者他能够意识到他在这两方面之间表现出的差别。恰恰相反,正是由于一个人可以在这样说和那样做上都表现的同样真诚,人生存中这样的笑剧性才是真实的。

生存于现实世界中的具体人不仅有认知,同时也受意愿

---

[1] SUD, p. 95.
[2] SUD, p. 89.
[3] SUD, p. 90.
[4] SUD, p. 93.
[5] SUD, p. 91.

（或本性）的支配，当两者发生冲突时，个人的选择就会被延迟，只要延迟的时间长到一定程度，认知总会被模糊或修正到与意愿相一致的地步。这期间某些理解或认识便向当事人遮蔽起来，"这理解如不被遮蔽，就会引到他们的较低级本性所不喜欢的决定和结论上来"。① 这其中所表现出的希腊思想和基督教思想这两种角度的区别就在于：苏格拉底把这种遮蔽看作是人尚未理解，而基督教把它理解为是人不愿去理解。因此，安提－克里马库斯的结论是，罪的根子是在具体生存者的意愿之中。

其次，针对黑格尔的思辨哲学，祁克果（安提－克里马库斯）特别批评了那种把人的罪只看作是其客观和思辨的研究对象的那种方法。他明确地指出，罪不是任何科学（思辨哲学）的合适对象，② 因此它不能被思辨地思考，罪一旦被思辨地思考，它就不能不成了抽象的"否定"。但罪并不只是思想观念的否定，甚至也不是一种自我的否定，相反它却是有所断定或主张。这种断定之所以不在传统的思辨哲学视域之内，乃是因为罪与生存中个人的紧密关系。在安提－克里马库斯看来，"罪的范畴就是个体的人的范畴"，而这个"个别的人类存在者位于这个范畴下面的更深处：他不能被这样思考，只有'人'这种概念才能被思考"。③ 换句话说，对罪的认识和个体的人作为罪者的认识（自我意识）是不可分离的，罪即个别罪者，而这其中包括的含义就是，与罪相遇，首先是个体的人与有罪的自己相遇。这种相遇是个体在生存论的意义上与有罪的自己

---

① SUD, p. 94.
② CA, p. 16.
③ SUD, p. 119.

的相遇，而不是人理智认知的结果。个人理智的认知只能认识到他人、人类以及社会的"罪恶"，而不会认识到个人自己的罪，就是说，并没有触及到罪之为罪的本质。对安提－克里马库斯来说，个体之人与有罪的自己的相遇，正是他与一个完整的自己的相遇，这是其建立起自身内向性关系的必要基础。

在这个意义上，"罪是个体的人（the single individual）的资格"。[①] 而个体的人在这里属于对罪或精神有所觉醒的范畴。因此，尽管祁克果把自己对罪的阐释方法称之为一种心理学方法，但正如一些专家所指出的，用现代的观点看这种方法，实际它更近于一种"现象学"的方法，[②] 在这种方法中包含着这样一种维度：个体作为罪者对自身罪的意识或觉醒。

最后，祁克果在自己的罪论中恢复了上帝这个超越之维。在托名于克里马库斯或其他作者的著作中，因为站在基督教外的存在论立场中，这种超越之维乃以悖谬（Paradox）的方式表述出来，这一点和罪的关系我们下面会谈到。而在托名于安提－克里马库斯的《致死的疾病》中，因为是站在基督教内的立场，因而直接肯定了"罪就是在上帝面前"。[③] 就是说，生存中的个体的人所以成为罪者，或对自身的罪有所觉醒，是因为"在上帝面前"。下面我们会看到，基督教中所言的罪（sin）由此和宗教 A 中所说的罪责（guilt）区别开来，并且，正如祁克果时常强调的，个体作为罪者的地位使人和上帝之间有那在存在论上深不可测的深渊。

[①] SUD, p. 120.
[②] CA, p. xiv.
[③] SUD, p. 121.

第二节　罪与人的不安及绝望

罪的本性是什么？它怎么源起的？对于罪的理解，自奥古斯丁以来，在基督教内一直需要把它和原罪（祁克果将其称之为遗传之罪）联系起来，才有可能给出某种答案。人类始祖的犯罪，以及由此给人类带来的影响，在教义学上是个既定的事实，但在基督教外，它对人类的理性来说却是一个极大的挑战，以至在西方传统思想中，尤其是在启蒙之后，在对罪的理解上，基本上是停留在"无知"之说上。教内与教外的距离或隔阂几乎是不可逾越的。祁克果的著述客观上为缓解这种隔阂发挥了一定作用。

他把复调式叙述方式同样用在了罪的问题上，一方面是某种教内立场的论述；而另一方面则是在生存论层面上的论述，即祁克果所说的"心理学"（现象学）方法的探索，力求在启蒙之后的人文语境中对于罪的问题给出某种理解，其结果就是在这个维度上开创了理解罪的"生存论"进路。然而不管两个维度的论述方式有怎样的区别，论述背景却是一个：即把罪置于成为个体的人（或一个基督徒）的生存过程中。在这样一个背景下，祁克果把罪与个体的人遭遇自己时的不安和绝望关联起来，从而在存在论层面上把人对罪的理解向前大大地推进了一步。

在《不安的概念》一书中，祁克果（或托名作者 Vigilius Haufniensis，以下均作祁克果）把基督教通常所说的原罪（original sin）称之为遗传之罪（hereditary sin），他认为传统的神学家总想用这种遗传之罪去说明罪本身或罪的来源其实是一种误解，人们并没有把握住所谓遗传之罪的主旨："遗传之罪的本性常被考察，但其基本范畴却未被抓住——这就是不安，正是它真正决定了遗传之罪……"① 因此，他试图从一种生存论的层面去理解这种遗传之罪，将其解释为人生存中"心理上"（即生存论上）的不安状态。这里所谓不安实际是祁克果生存论中的一个重要范畴，它乃指生存中的个人在独自面对着自身充满了各种可能性的未来，醒悟到自我的自由时，内心所经历到的颤栗。

祁克果并没有把不安本身看作是罪，它只是罪的机缘或诱因，或者说是一种最让人趋近罪的生存状态或条件。② 正是这种生存论上的因素，而非生理意义上的遗传，诱发了人的罪。因此，这里所谓的"遗传"体现为，正是这种生存上的不安在一代一代地遗传，并且不安在这种历史的传递中表现出一种量上的递增。这种历史地流传到每一代人生存中的不安，对个人产生了这样的影响：不安预先地使个人有向罪发生质跃的倾向。不过，这种不安只是使个人预先具有这种倾向而已，并不是强迫个人有这种质跃。这里我们注意到，祁克果十分强调，在不安到罪之间存在着一个不能被理论说明的质跃（qualitative leap），该质跃之所以不能被理论说明，乃是因为由不安到罪的过程所具有的个体性特征所决定的。

在祁克果看来，人是由无限（或永恒）与有限（或易逝）构成的合成体。个人趋向精神觉醒即意味着精神（spirit）开始作为两元的合成被意识到。不安就生发于这种精神觉醒的初

---

① *Papirer*, III, A 233. Cf, Mark C. Taylor, *Kierkegaard's Pseudonymous Authorship*, p. 271.
② CA, p. 93.

第五章 罪与人的个体化

始之际。从消极的意义上讲,这时,每当个人想要抓住自己(精神)之际,他都失望地发现,本无任何"东西"可被抓住,所面对的只是"无"而已,因为个人所想要抓住的这个"自己"拒绝被作为任何现成的"对象"被抓住。不安正是这种面对"无"的不安;[1] 从积极的意义上讲,精神的觉醒,初始是以"可能"的方式呈现,但这种可能却不是关于任何"什么"的可能,只是可能之能,这种可能之能似乎超出了个人的把握,让人有似乎会失去控制的恐惧。在这个意义上,这种可能之能让人看到自己控制力的有限。这时不安表现为是个人在自由面前的不安。[2]

无论从哪种意义上讲,个人精神觉醒之初的不安现象揭示出:个人不是所觉醒的自己的主人。[3] 在这个意义上,不安是个体之人所必要遭遇到的。然而个人却下意识地想要逃避不安给人带来的这种无可奈何,或者想靠自己的方式去消除它。无论怎样,一旦当个人想要用这些方式来解决不安时,这都会使个人与自己形成一种错误或扭曲的关系,其结果就是个人陷入绝望之中,这就是向着罪的质跃。

对于罪的本性的问题,祁克果主要在《致死的疾病》一书中,将其与人生存中的绝望关联起来,对其作出了深入的研究。在这本书中,安提-克里马库斯在基督教立场上,指出了他所理解的罪涉及到两个重要因素或环节:"罪是绝望和处于上帝面前。"[4]

---

[1] CA, pp. 42-43.
[2] CA, p. 44.
[3] CA, p. 128.
[4] SUD, p. 82.

首先，罪与个人生存中的绝望紧密相关。但什么是绝望呢？《致死的疾病》一开篇就说到："人是精神。但什么是精神？精神是自我。但什么是自我？自我是一种自身与自身发生关联的关系。"① 简言之，在存在论的意义上讲，人在这里并非是传统意义上的实体，而是一种关系，精神不仅是有限与无限或永恒与易逝之间相互贯穿的关系，而且作为自我，则是这种关系的自身关联关系（即反身作为第三者）。绝望就是在这种关系的自身关联中，形成的错误关系所致。这里，构成自我的自身关联关系之所以是错误的，在作为基督徒的安提－克里马库斯看来，就在于当事人没有意识到：这种自身关联的关系当有那更高者的参与。因此，绝望的出现，指明了两件事：首先，绝望意味着个人精神的觉醒。个人在成为个体人的过程中，作为其精神的觉醒，精神的自我意识方使之有可能使之陷入绝望。在这个意义上，"绝望是精神的资格所在并与人里边的永恒发生关联"。② 其次，绝望的出现说明精神下意识想要主宰自我，即与自己形成一种排他性的关系，但绝望总是对自己的绝望这个事实说明，精神永远无法独自控制或主宰自己。总之，绝望在生存论上表明的一个重要事实就是，个体的自我（关系）是非自立的。

个人与自己的这种错误关系使绝望表现出两种基本的形式。1）在绝望中不要成为自身，这就是"软弱"形式的绝望。③ 这种形式的最初级样式就是：在绝望中的个人不认识或不愿意认识自己，一心寻求能崇拜的偶像来满足自己的需求。

---

① SUD, p. 13.
② SUD, p. 17.
③ SUD, p. 53.

这时，个人似乎并不明确地意识到自己处于绝望之中，但有一点他非常明确：即要成为所崇拜的偶像。这种愿望的动机不是为了实现自己，而是为了能够摆脱自己，为了使自己能够像所崇拜的偶像一样为所有的人所喜爱和接受。

这种绝望的一般样式是，如果个人有了一定程度的反思，能够把自己从周围世界中区别出来，但却由于种种原因不满意于它，同时又不能摆脱它，他就会下意识地采取"外向"的解决方式：他从他人能够接受或认同的他个人的角色、地位，以及他人能够承认的他的能力或天赋等，来认同他自己之所是，来当作他的"自我"，他生存的全部意义就是想要得到别人的肯定："他的言行举止是基于人们的尊敬，基于别人对一个人的品评以及按人的社会地位所作的判断。"[①] 让人有点出乎意外，这在我们看来似乎习以为常的生存样式，被安提－克里马库斯当作是人生存中的一种绝望的形式，或者是对绝望的一种下意识的反抗。而在他看来，这种情况的可怕之处在于：在个人看来是对绝望的征服，而他的状况事实上仍是绝望。这种情况发展到极端，便是个人将自己封闭起来。封闭是这样的一种矛盾反应：一方面是恨恶自己，一方面是怜惜自己。

2）在绝望中要成为自身，这乃是"违抗"形式的绝望。随着自我意识的提高，绝望的形式和其深度也在发展，这第二种形式就是对自身的绝望向前跨出的一大步：以违抗的心要成为自身。个人在自我意识中尽管对自己是不满和绝望的，个人也意识到这种绝望（这与第一种形式有区别），但个人却要继续地坚持自己，我行我素。这种形式的绝望个体总是生存在这

---

① SUD, p. 56.

样一个意识之下：我就是这样，你能把我怎么样？这是这种生存方式的一个前提。这里的这个"你"既包括了他人，也包括了他自己，甚至也指向了那更高的存在者。

在这种形式的绝望中，个人在行为上可能会表现为，他不顾一切地投入到他所认定的某个事业中去。但一方面，就行动的自我而言，绝望中的自我满足于关注它自身，并假定此自身将无限的兴趣和意义给予了他的事业。但也正是这一点，使得这些事业成为想象的，自我也日益成为假设的。另一方面，就被造成的自我而言，尽管有面临自我所遇到的种种困难与苦恼，但他"与其寻求帮助，他宁可（如果必要的话）带着全部地狱的痛苦成为自身"。[①] 推动自我的动力是一种怨恨，这种怨恨中也包含着一种对更高者的怨恨。

就这两种绝望的形式而言，前者可以归于后者，或者说随着自我意识的提高，后者是前者的进一步发展。在安提－克里马库斯看来，如果这两种绝望的形式最终可以归于这后一种，那么就第二种形式的绝望来说，可以证明它不过是对一种更高力量的消极见证：第一，个人想要成为自己或自己的主人，但其绝望和怨恨的事实表明个人恰不是他自己的主人；第二，个人在怨恨中实际把痛苦看作是自己存在的一种证明，证明自己能够违抗一个无限的"救助者"。

绝望的这种发展形式，通过把个人的绝望与一个更高存在者关联起来，而把人生存上的绝望与人的罪之间的紧密关联显明出来。这也就是安提－克里马库斯进一步指出的罪的另一个重要环节："罪是绝望的强化"，这里所谓"强化"就是指"重

---

① SUD, p. 71.

点在于'在上帝面前',或具有上帝的观念"。① 他之所以将在上帝面前看作是一种强化,乃是出于他的这样一种思想:个人的自我认识在不同的标准下达到的深度不同。在人的标准下,个人对自我的有限认识使自我还是有限的自我,因而自我的绝望也只是有限程度的绝望。当上帝成为这个标准时,情况就发生了质的变化。对上帝的观念增一分,则自我也加强一分,反之,自我加强一分,对上帝的观念也增一分,"自我是在与这自我的标准的关联中被强化,当上帝是这标准时,则自我就被无限地强化了。"② 随着自我被无限地强化,其绝望便表明是基督教意义上的罪:

> 惟有自我作为一个特殊的个体的人意识到自己在上帝面前生存时,它才是一个无限的自我,这自我乃在上帝面前有罪。③

因此,安提-克里马库斯表明,基督教意义上的罪,在个体于上帝面前的生存中显明出来。用生存论的语言来表达,当个体越来越陷入到绝望中时,他会越来越明确地意识到他对一个更高存在者的不满,而对其公平和公义的怀疑,会进一步强化他的绝望。这似乎是一个恶性循环。如果个体能够面对这样一个绝望,那么他就会发现这个绝望已经把他带到了上帝的面前,如果他真的愿意承认他一直在抱怨的这个更高存在的话。

从上面安提-克里马库斯对罪的论述中,我们可以看到宗教 B 中所说的罪与宗教 A 中所说的罪责的区别。在宗教 A 的

---

① SUD, p. 75.
② SUD, p. 80.
③ SUD, p. 80.

途径中，个人的罪责感（guilt）是由于意识到自己的有限，不能实现绝对的伦理或永福的目标，但个人仍然对永恒有种向往。而在宗教 B 的途径中，罪乃是相对于"在上帝面前"而言。个体在上帝面前的绝望表明，个人已经不再相信或者不再寻求这个"无限者"，而愿意继续沉浸于或者软弱或者违抗的绝望中，这就是罪（sin）。在这个意义上，"正是在上帝面前生存的意识使得人的罪责变成为罪。"①

总之，绝望证明了个人觉醒的精神具有非自立性，它依赖于一种更高的力量。在这个前提下，祁克果把罪定义为："罪意味着：在上帝面前或怀着上帝的概念，在绝望中不要是其自身，或在绝望中要是其自身"。②

第三节 罪与人的个体化生存

前面我们已经看到，按照祁克果（或安提－克里马库斯）对罪理解的进路，罪与个人成为个体的人的过程有着密切的关系。按照上述安提－克里马库斯的描述，随着个体精神的觉醒，意识越增强，自我越突出，人的绝望就越强烈，因而罪就越强烈。③ 在祁克果对罪的这种论述中，包含着他对人的自我的重要理解，也因此包含着从自我论的角度对个体的人的阐释。从这个角度来看个人成为个体之人所遇到的困难，就具体体现为个人在自我认同上所遭遇的困难。

什么是自我？按照祁克果在其《致死的疾病》中的表述，

---

① SUD, p. 80.
② SUD, p. 77.
③ SUD, p. 114.

他把人的自我规定为:"自我是一种自身与自身发生关联的关系,或者是这关系与自身发生关联形成的关系。自我不是这关系,而是这关系与它自身的关联"。① 在祁克果看来,人是由有限与无限、暂时与永恒、自由与必然这两元因素构成的综合体,是这两元之间的关系。这种两元关系还不等于一个自我。自我是这种两元关系与自身的关联,因此它是一种关系与自身形成的关系。这种关系就是个人与自身的内向关系。从这种内向性结构对自我的规定,我们可以看到这样的特点。首先,这个自我关系是与个人的综合整体形成的关系,而不是与这个整体中的某一个要素形成的关系。换句话说,个人不应该把自身的某个方面认同为是自我,就像理性主义者把"思"认同为"我",或弗洛伊德主义者把"力必多"认同为更真实的"我"一样。这些都还只是构成个人的一个方面的因素。如果把这一个方面的因素等同于自己的话,那么个人就被分裂了。个人就还没有成为一个完整的个体。但其次,随之而来的问题就是,个人之作为一个"整体"如何才能呈现出来,使得个人能够与之相认同呢?对于祁克果来说,这个与个人"整体"的认同乃是发生于一个过程当中,发生于两元因素处于紧张的冲突之中,发生于在这种冲突下个人所做的决断中,或者更确切地说,发生于个体之为个体的那个"据有过程"之中。正是在这个"据有过程"中,个人的两元(或诸方面)因素合成为一个真正的"整体"。在这个意义上,这个"整体"不是现成存在着的,它不是两元因素逻辑地形成的一个静态结构。这也正是个人难以现成地去把握这个"自己"的原因。因此,在自我的

---

① SUD, p. 13. 中译文见张祥龙译:《致死的疾病》,第9页。

这样一个结构中,我们会看到多重相互的关联所构成的非现成和不稳定因素。这种内在的不稳定在个人的生存中会以不安或绝望表现出来。

其实在现实的生存中,人们更多地是从那些更易把握的"客观"现成的因素来认同自己,以求来认识和把握自己。正如祁克果在《致死的疾病》中所描述的,人们会首要地(从生存论上说)从这样几个方面来认同一个人之"我是":以有形的事物反映出的工作"成果";以某方面已经为人所承认的"能力";以在人际关系中已经得到的"角色"或"地位"。这些因素是更加固定和可见的因素。它们能够以更为明确的方式成为个人存在(所是)的证明。个人需要这些现成可见的因素来证明自己的存在(之所是)。就是在对自我之所是有的这样一种认同中,个人似乎是在一张生存的地图上找到了自己的位置和所要前进的方向。

然而,从更为终极的意义上来看,如果个人是从这些基本上都是需要他人承认的"成果"、"能力"和"角色"来认同自己之所是,那么,个人存在(之所是)的终极意义似乎就建立在他人的基础上了。"我"所活在这个世上的意义因此取决于他人怎样来评断"我"。如果如此,这样一种意义的认同,就决定了个人生存的价值观,即尽量去作能为人们所认可的事情。其实,这个他人也就是祁克果所说的"众人",这个"众人"在多数情况下不是指任何具体的人,却成为个人衡量自己生存之终极意义的标准。个人的生存因此成为一种公众人的生存方式。

从这个公众人中出来成为一个个体的人,从自我论的角度来看,这个"个体化"的过程首先体现在:个人是否能够将

第五章 罪与人的个体化

"自己"从对这些具体现成之"事物"的认同中抽离出来。这个在人群中的头衔和身份真的是"我"吗?这个被人称道的作品真能完全代表"我"存在的意义吗?这个让人骄傲的才能就完全是"我"之所是吗?如果个人不从这些现成的"事物"来认同自己的话,个人当从什么来认同"我"之所是呢?"我是谁?"这个问题反映出现代人在自我认同上所遭遇到的难题。实际上,它乃是个人成为个体之人的过程中必然会遇到的问题。因为在祁克果看来,所谓个体在精神上的觉醒正表现为个人要从与"事物"的认同中脱离出来,来寻求与"自己"的认同。只有在其所定义的这种真正的自我关系中,个人生存的终极意义(或价值)才被建立在一个更为真实的基础上。

然而,我们从上面看到,个体精神的觉醒,个体寻求与"自己"的认同,在祁克果看来,总要经过不安与绝望的幽谷。在这个死荫幽谷的尽头,个人会走到一个更高存在者的面前。不管个人愿意与否,消极还是被动,或者是否被意识到,绝望总会把人带到这个地步:这时个体像是和一个更高者单独面对,或者更确切地说,像是在和一个更高者暗自较量,因为心怀不满地违抗,甚至受到冒犯,是个体面对这个更高者的最初和自然的反应。这时处于绝望中的个体已经如此的软弱,即使他意识到自己已经是一个错误,他也会怀着对此更高者的不平,无论会有多少的痛苦,仍要固执下去。

这里所发生的不只是绝望,在安提-克里马库斯看来,如果此绝望是罪,那么进而对罪绝望则是罪的强化。处于这种状态的人不会相信自己的罪会被这更高者赦免,就是说,去直接面对更高者,向其承认个人觉醒之精神对他的依赖,相信因他的参与而能使自我的关系不再是扭曲的关系。相反,他则坚持

自己的这种状态,

> 它坚持只听它自己的,坚持只与自己打交道;它将自己关闭于自身之中;将自己锁入了更深一层的禁锢中,并且通过对罪的绝望而保护自己不受善的任何攻击和追逐。①

安提-克里马库斯认为,在越来越强的自我意识中,罪的这种强化就表现为是罪的状态或罪的一致连续性。

罪的状态(更日常的用语是本性或倾向)与罪的行为不同,罪的状态从更根本的层面上揭示了罪本身。而它的特点在冒犯中全然表现出来,"关于罪的宽恕的绝望乃是冒犯,而冒犯就是罪的强化"。② 冒犯作为人罪的状态的情感性表露,它完全是个体性的,去设想一个冒犯而不想到一个去冒犯或被冒犯的人是不可能的。因而在这个意义上,罪正是个体的人的生存状态。个体的人就是生存在这种安提-克里马库斯称为冒犯的生存状态中。处于绝望中的个体既容易冒犯人,也容易被人所冒犯,这正是他罪的生存状态所决定的。然而,这里我们要注意的是,这里的冒犯(下章会探讨它的具体含义)指的更多的是个体之人与那更高存在者的关系,并且正是在这种关系下发生的冒犯,使个体看到以冒犯现身的"自己"。在这个意义上,说冒犯是个体性的,其实就是说它是使个体现身的一种方式。或许可以说,似乎就是在一种冒犯表现出的"失态"中,个体暴露出自己本是这种样态。

让我们再回到祁克果的罪论。如果在生存论上说,一个人

---

① SUD, p. 109.
② SUD, p. 124.

第五章 罪与人的个体化

所亲历的冒犯正是他自己的现身,而这冒犯同时又是其罪的状态的显露,那么,这正说明了罪即个别罪人的结论。罪不是人抽象反思的对象,对罪的真正认识来自个体对自己的认识,或者说,在那更高者面前,个体对自己不安和绝望的醒察。实际上冒犯的显露表明个体的精神已觉醒到这样的地步,它已经被带到了一个十字路口:或者怀疑,或者相信;或者违抗,或者接受;或者封闭,或者开放。在这个意义上,"冒犯很可能是主体性和个体的人的最具决定性的资格"。[1] 这意味着在个体人的生成中,其精神特有的内向维度(inwardness)已经在开启。对于罪或他作为罪人,这个维度所展现这个人的,远较任何其他的知识途径要更为具体真实。我们在第三章中已经看到,这个内向维度,作为觉醒的精神的一种展开,是个体的人的主要标志。它的特点就是精神的热诚关注(earnestness),[2]这种热诚关注构成了个人之为个体之人的人格性本身。[3] 只有这种热诚人格,才使之有可能性在做任何事情时都带着自身特有的热诚。对于罪也是如此,当个体带着这种热诚关注自己的罪的时候,也正是自己作为一个罪人得到认识的时候。

在祁克果后期的著作《今日的时代》和《观点》中,祁克果多次激烈地批评这个时代,指出这个时代是一个被反思败坏因而缺少个性激情的时代,它的特点概括起来就是人们毫无罪感和个人责任。而造成这一切的根源即在于这个时代日益突出的"众人"(a crowd)方式及其所特有的幻象。祁克果罪论的宗旨就是要恢复个人的罪感及其责任。为达到这个目的,他不

---

[1] SUD, p. 122.
[2] CA, p. 46.
[3] CA, p. 149.

仅批判了思辨哲学，同时也批判了这种众人的幻象。在祁克果看来，避于众人之中不仅让人感到确定和自在，[1] 更重要的是，在众人之中能让人免除要承担责任所给人带来的不安。然而，如祁克果自己所说，如果不安是个体精神的资格，那么避于众人中以消除不安的那种安全感就恰是以个人的无精神性（spiritlessness）为其特征的。

这里我们就遇到了祁克果罪论所遭遇的一个主要问题。如果罪与个体精神觉醒具有的不安及绝望相关，成为个体人即意味着成为罪人，那么，对在众人中处于无精神生存状态的人，能否说他们就不是罪人，或者是处在了远离罪的状态中？祁克果自己也意识到这个问题。这个问题对他之所以仍是一个问题，是因为从他的罪论中确实难以对其给出一个十分完满的回答。一方面当他从生存论层面力求通过不安和绝望去理解罪时，他确实把个体的意识与罪紧密关联起来。他的罪论中始终有一个维度就是：当事者自己对自身罪的醒悟和认识。但是，祁克果并没有直接把罪等同于意识，而是把意识看作是趋近或认识罪的最切近的途径。因此，尽管他说："按照真正的基督徒的理解，大多数人的生活变得太无精神性了，以致无法在严格的意义上称之为有罪"，[2] 然而这话听上去却像是反话。实际上，处于无精神状态的人并非摆脱了不安或绝望，只是对其不意识而已，"但这不意识到自身的精神性的状态恰恰就是绝望，或无精神性的绝望"。[3] 对于罪来说也是如此，这里他提醒我们注意到这样一个辩证的转折：无精神性的状态只是对罪

---

[1] PV, p. 106.
[2] SUD, p. 104.
[3] SUD, p. 44.

没有意识，而并不意味着其不在罪中。当人们想要在群体或理论或琐事中忘却自己的罪，想要由此摆脱潜在的不安和绝望之际，这种罪感的缺失所导致的只能是恶！

因此，祁克果的罪论乃至他整个的著述最终的目的就是要打破这种众人的幻象和束缚，把个人从众人中分离出来，认识到自己是个罪人，由此而成为一个有全新自我因而能够承担起个体责任的个体的人。但当祁克果视个体人高于人类，并在此原则下讨论罪的问题时，从基督教神学上看，就难免会有帕拉纠主义（Pelagianism）的倾向。① 尤其是在他早期的《不安的概念》一书中，如果否定原罪或人类整体的罪，单纯从每个人精神的觉醒所导致的在自由面前的不安来理解趋向罪的途径，这在神学上就无疑会落入帕拉纠主义的窠臼。祁克果自己也意识到了这个问题，在其后来的著述中也力图有所修正或为自己辩护。但无论如何，既然把罪与个体的人精神觉醒的过程关联起来，这个倾向就是难以完全消除的。这也反映出在祁克果思想中，仍然保存有启蒙运动以来人文主义影响的痕迹。

---

① Louis Dupre, The Sickness unto Death: Critique of The Modern Age, *International Kierkegaard Commentary*: *The Sickness unto Death*, ed. by Robert L. Perkins, Mercer University Press, 1987, p. 103.

第六章

宗教 B：个体的人与信仰

按照祁克果的思想，宗教 B 是个人成为个体之人的最高阶段，严格地说，只有达到这个阶段，才有真正意义上的个体的人，或者换句话说，个人的自我才能得到最为真实和充分的实现。这里，宗教 B 实际就是指基督教。因此，对这个阶段的分析，实际就是围绕着基督教信仰所做的分析。从个人向个体之人的实现而言，基督教构成了与伦理－宗教 A 迥然有别的途径。尽管基督教作为高一级阶段要以伦理－宗教 A 的阶段为前提，但它所具有的独特特征却是一般宗教所不具有的。在托名作品中，祁克果主要是通过克里马库斯在生存论的层面上论述了基督教信仰的基本特征。限于本书主题的语境，我们在将其看作一种实现个体之人的途径时，基本上限在这种存在论的层面，辅之以祁克果自己在其他（包括署名）作品中对信仰的看法。

第一节　绝对的悖谬对于宗教 B 的意义

在托名于克里马库斯的作品中，克里马库斯时常把宗教 B

称之为关于悖谬的宗教（Religion of Paradox）。① 可见悖谬是宗教 B 或基督教的主要特征。克里马库斯对基督教的分析就是围绕着悖谬入手的。

悖谬对于克里马库斯来说，是一个十分重要的存在论范畴，有其比较独特的含义。从生存论层面上一般地来看，可以把它看作是对生存着的个体与永恒真理之相互关系的一种生存论表达。② 因此，它涉及到的是两个方面的因素——个体与其所关切的永恒真理——之间的相互关系。这种与永恒相关的真理或目标向生存着的个体的人所表现出的客观不确定性、矛盾、冲突甚至荒谬，就是所谓的悖谬。

克里马库斯所说的悖谬范畴可以分为两类：相对的悖谬与绝对的悖谬。所谓相对的悖谬（relative paradox）是指，个体的人所关切或追求的永恒真理或目标本身没有矛盾或冲突，只是在具体的生存处境下，相对于生存个体表现为某种不确定性或冲突。我们在伦理－宗教 A 中所看到的情况就是这种情况，伦理的原则或目标不管以什么方式体现出来，其本身都是普遍和自洽的，但对生存中的个体实践者则表现出不确定性。另一种就是所谓绝对的悖谬（Absolute Paradox）。它是指在个体的人所关切的永恒真理或目标本身就包含着人的理智永远无法理解和解释的冲突与矛盾。这种绝对的悖谬只存在于基督教之中。在基督教中，如这个信仰所认定的，永恒真理已经进入到时间的生存中，上帝已经道成肉身亲自为人。作为道成肉身的耶稣既是上帝又是一个具体的人，这对具体的人构成了绝对的

---

① CUP. p. 105.
② John W. Elrod, *Being and Existence in Kierkegaard's Pseudongmous Works*, p. 239.

悖谬。需要注意的是，作为这种绝对悖谬的神－人（God－Man）是一个特定而又具体的人，并非思辨哲学可以加以辩证的神性与普遍人性的某种"统一"：

> 神－人是上帝与一个个人的合一。那种人类是或应该是神亲缘的观念是古代异教学说，而某个个人同时是神却是基督教的信仰，这个个人就是神－人。[①]

所以在基督教的情况下，克里马库斯所说的悖谬，就其神学层面的含义来说，实际就是指基督。悖谬（Paradox）不过是在生存论语境中对基督的一种表达。当人们去设想，尤其是耶稣同时代的人，在自己的生活中发现所熟悉的某个人，看上去似乎和其他人没什么区别，有父母和兄弟，也做过不少人做过的职业，这个人竟然是上帝，而且他自己竟也这么自称，那么人们，尤其是当时的犹太人，会感到多么的不可思议或悖谬。

这种悖谬的绝对性是以上帝和人之间所存在着的本质的区别为前提。这种本质上的区别可以分别从存在论和认识论这两个层面上来给予刻画。

首先，祁克果十分强调上帝与人之间存在着存在论的鸿沟。上帝就是上帝，人就是人；一个在天上，一个在地上。[②] 两者之间是没有任何相通之处的。这种存在论上的差别可以体现在多个方面：无限与有限的区别、永恒与流逝的区别、创造者与被造物的区别等。在克里马库斯的生存论语境中，这种区别主要体现为时间之外的永恒与时间之中的流逝之间的存在论区别。从生存论的层面看，永恒意味着绝对与不变；而流逝则

[①] PC. p. 82.
[②] Cf. SUD. p. 122; PC. p. 63.

意味着相对和易逝。正是由于有这样一个存在论之区别的存在,才可能出现这种悖谬。这两个方面是截然不同的两个方面,现在却通过一个历史事件;完全地合在了一个具体的人身上,由此而产生出人的理智所不能理解的荒谬:

> 什么是那荒谬?那荒谬就是永恒的真理已经进入到时间性的生存中,就是上帝已经进入生存,并且正是以与任何他人没有区别的一个个人的身份进入到生存。[1]

在西方哲学思想的发展中,自柏拉图开始,可知世界和可见世界的区别就以各种方式出现在人们的思想中。然而,时间中的个别与不变的永恒究竟如何关联进来,对人的理智始终是一个问题。就柏拉图的思想来说,他的"分有"说可以说一直是他思想中最有争议的一个方面。而现在从人的生存角度,绝对的悖谬给人理智提出的挑战,在克里马库斯的生存论语境看来,仍然是这一类的问题:永恒如何能够进入生存(exist)?

前面我们已经看到,沿伦理-宗教 A 的途径,生存个体向那绝对原则的实现基本上是失败的。个人的道德努力只是向着一种理想的努力而已。这里的悖论表现在:如果一种永恒的道德实在为所有的生存者提供了普遍的标准,那么个别、易逝的个人永远不会充分、完全地实现这种永恒的道德实在。要是这种实现真的能够达到如此完善的程度,以至那实现了这种伦理标准的人与该标准本身再无区别,那么,这个人就成了绝对标准。这在克里马库斯看来,是"最为奇怪和不能理解的一种说法"。[2] 因此,从人的普遍生存经验,人不能理解真会有这种

---

[1] CUP. p. 210.
[2] Cf. Stephen Evans, *Kierkegaard's "fragments" and "Postscript"*, p. 228.

悖谬的情况,即某个具体的生存者竟然成了所有生存者的标准。然而,在基督教中,人们却不能不面对这种不可能的情况:永恒已经完美地实现在一个人的身上,并且因此成为人们所面对的一个标准或典范(Pattern)。

其次,从认识论的层面上,绝对的悖谬同样由于永恒与流逝所具有的鸿沟而表现为是人的认识所不能调和的冲突。就上帝进入人类的历史生存过程,成为一个历史事件而言,绝对的悖谬表现在,人们永远无法从这个具体历史事实出发,去认识、理解和说明基督的永恒神性:

> 一个人能从历史中认识到任何关于基督的事吗?不会。为什么?因为一个人根本不可能"认识"基督。他是一个悖谬,信仰的对象,只为信仰而存在。[①]

这种认识论上的不可能性,可以从几个方面体现出来。首先,上帝道成肉身的历史事件本身就具有特殊性,即从人类世界历史的眼光看,这个历史事件不能用其他具体的历史事件来给予解释。相对前后的历史事件而言,基督的降生是绝对新的事件。在这个意义上,它是"永恒的事实"或"绝对的事实"。[②] 它的意义只能从所谓圣史的角度去理解。其次,耶稣在世上生活的历史过程,也不能为其同时代的人提供一个更优势的地位,让他们能够借着这个历史过程,即与他的同吃、同住、同行等,认识到他的神性:

> 如果我们所涉及到的事实是一个通常的历史,那么同

---

① PC. p. 26.
② PF. p. 125.

时代人就有其优势。……但如果我们关注的是一个永恒的事实,那么,每个时代都与之同样的近。①

祁克果常用隐匿性(incognito)来描述耶稣神性的内向性。他常举的例子就是微服出现的国王,或者身穿便衣的警察。②这种内向性不能通过直接的方式被认识到:"如果他相信他的眼睛,他就会被蒙骗,因为上帝不被直接认识。于是,或许他会闭上他的眼睛,但是如果他这样做,他所拥有的这种同代人的优势又体现在那里呢?"③最后,基督教自身发展的历史也不能给人在认识耶稣的神性方面提供更多的帮助。如果说耶稣的同时代人在认识他的身份上不具优势的话,同样,1800年后的人们也不具有任何的优势。每一代的人所要面对的是同样的悖谬。这里,祁克果区别了圣史与俗史:

> 人们已经完全忘记了基督在地上的生活是圣史(这正是基督教之所是,它完全不同于基督教的历史,基督徒的生活、他们的经历和命运,以及所谓的异端和科学的历史),它不能与人类的历史相混淆。④

因此,基督教自身发展的历史,也不能成为人们认识耶稣基督神性的优势。

总之,如果在基督教的信仰中,关切绝对的悖谬与人对永福的追求相关的话,那么,在认识论的层面上,克里马库斯的问题就如他在《哲学片断》的扉页上所发问的:"永恒幸福能

---

① PF. p. 125.
② PC. p. 126.
③ PF. p. 78.
④ PC. p. 221.

够依赖历史知识吗?"① 个体能够把自己对永福的追求建立在一个历史认识的基础上吗？再具体地说，对历史的认识能够让个体进入到永恒的真理之中吗？这个问题从一个方面反映了近代认识论所遇到的一个根本问题，这个问题用莱布尼兹的话来表达，就是事实的真理与必然的真理之间所可能有的关系。对事实的观察与归纳怎样才能与那种必然的真理关联起来？人们究竟怎样才能跨过这两者间的鸿沟？两者间的鸿沟被莱辛进一步拉开了，并因此对祁克果产生了重要影响，以至在《附言》中，克里马库斯用了不少篇幅来谈莱辛对两者区别的强调及其意义。

从上面的分析中我们看到，绝对的悖谬在存在论和认识论这两个层面上均有其根源，悖谬的两方之间所存在的鸿沟带来了人的理智无法调和的矛盾与冲突。这也从一个侧面说明，这种矛盾不纯粹是形式上的、逻辑上的或词语上的自我矛盾，就像有些现代的分析哲学家所认为的那样。② 如果绝对的悖谬仅仅是逻辑上的矛盾，人们就可能会由此推出某些误解性的结论，例如就会把理智和（对悖谬的）信仰的关系，看成为一种直接对立的关系，似乎任何在逻辑上无意义的东西，就如个别分析哲学家所批评的，都有可能成为人去信奉的对象。③ 实际上，克里马库斯在此之前就有针对性地指出："我们所设定的这个事实[绝对悖谬]以及个体的人与上帝的关系不包含着自我矛盾（self-contradiction），思想是把它作为所有见解中最

---

① EO. p. 95.
② Cf. Hannay, *Kierkegaard*; Louis Pojman, *The Logic of Subjectivity*.
③ Louis Pojman, *The Logic of Subjectivity*, p. 123.

不能理解的东西来自由地占据自身。"① 这里的一个区别就是：思想不能理解的并不等于就是逻辑上毫无意义的。

伊文斯更愿意把这种绝对悖谬所包含的冲突称之为是"显明的矛盾"（Apparent Contradiction）。他对这种矛盾的描述是："显明的矛盾是指某种有意味的事实或事件的陈述，由于只能用逻辑上冲突的表述来描述，会以反直观甚至不可能的方式出现。"② 换句话说，这种矛盾本身是有意义的，其语言表述上的冲突反起到了吸引人的思想去关注它的作用，这也就是绝对的悖谬尽管为人所不理解，却能占据人的心思的一个原因。在祁克果后期的著作中，这种绝对的悖谬被表述成为"矛盾的标记"(sign of contradiction)：

> 矛盾的标记……是这样一种标记：它在其构成中包含着矛盾，为使'标记'之名合理，一定存在着能把人注意力吸引到它自身或其矛盾的东西。但矛盾的部分一定不能彼此取消对方，使得这个标记变得毫无意义，成为一个标记的反面，即无条件的遮蔽。③

上述的分别和讨论或许只是在今天分析哲学的语境中才为人们所关注。实际上，克里马库斯提出绝对悖谬的用意，在黑格尔思辨哲学的背景下可能会更明确一些。一言以蔽之，绝对悖谬是不能为思辨哲学所说的那种辩证方法所"统一"或"综合"掉的，它永远不会成为一个统一的"合题"，因为，正如克里马库斯所强调的，它根本就不是人的思想中那种一般与个

---

① CUP. p. 307.
② Stephen Evans, *Kierkegaard's "fragment" and "Postscript"*, p. 219.
③ PC. 125.

别的冲突。在基督教信仰中,这个绝对的悖谬,这个特定的被称为基督的神-人,是一个已经进入到历史中的事实,它已经现实地在那里。因此它既不是理性达到一定阶段思辨出来的结果,也就不会被理性的思辨所消除掉。克里马库斯把基督教所具有的这个绝对的悖谬作为一个重要的范畴,是因为在他看来,它规定了基督教之为基督教的基本特征。伊文斯把这个绝对悖谬对于基督教的意义归结为下述的四个方面。①

首先,绝对的悖谬保证了基督教所具有的超越性品格(transcendent character)。这种超越性体现在基督教信仰的启示性。如果这种启示完全是人的理性可以通达甚至推演的,如自然神学或某些自由派神学所主张的,那么,这种启示的源头就可能被归之于理性,而使启示失去自立性。以绝对悖谬(基督)的方式所传达的启示,是对人理性和经验的中断,因此保证了基督教的超越性不至于失去。

其次,绝对的悖谬肯定了基督教的生存性品格(existential character)。基督教在其自身的发展中总存在着这样一种危险的倾向:即成为一种理性思辨的学说,成为一种思想的游戏。绝对的悖谬对人理性构成的绝对的挑战,使得人不再只是用理性去面对它,而必须将其当作是一种生存的交往:

> 一个人无法真实地设定那本质永恒的真理来到这个世界只是因为它需要被一个思辨者所解释;更好的设定是,由于人们的需要,那本质永恒的真理已经来到了这个世界。人们为什么需要它的原因肯定不能解释它,因此人们

---

① Stephen Evans, *Kierkegaard's "fragment" and "Postscript"*, pp. 240-244.

还有事可做，为的是能在其中生存。①

再次，绝对的悖谬保留并强化了人的自我与自由。对绝对悖谬的接受必须是一种"自己"的决定，并且是一种自由的接受，既不是出于他人，也不是基于证据，而是在激情的主体性中作出的。我们下节会看到，正是绝对的悖谬保证了个体的人之主体性的展开。

最后，绝对的悖谬减缓了人们在理智上的差距，使得人们在接受信仰方面乃是平等的。如果基督教信仰是能够完全被理智所解释的学说，那么，具有理智天赋的知识人就具有决定性的优势。而绝对的悖谬使这一点成为不可能。

以上我们是从对一般人们的角度，来看绝对的悖谬对于基督教的意义。其实，就从生存论上对悖谬的规定来说，它的基本特点就是：它针对生存中的个体的人而言具有意义。这个特征与本文所讨论的主题十分相关。如果换种方式来表达的话，这个特征就是：绝对悖谬全部丰富的意义只对那在生存处境中与其相遇的"局内者"（个体）显明出来。而对于"局外"的旁观者而言，或许它真不过就是"无意义的"悖谬而已。对"局内"生存着的个体人而言，它却是成为个体之人所不能摆脱的。在这个意义上，与悖谬的相遇，或者悖谬向个人的显明，正表明个体之人进入到其生存之中："悖谬，在其严格意义上，就相对生存主体而言，不是其宗教性关系的短暂形式，而是在其本质上以这样的事实为前提：即人处于生存中。"② 如果不从这种生存的"局内"关系出发，就无法理解绝对悖谬的

---

① Cf. Ibid. p. 241.
② CUP. p. 162.

意义。反之，如果要去除掉这个悖谬的话，就会把人置于生存之外，使其没有可能成为个体。

第二节　冒犯式的回应关系

由于绝对的悖谬对那与其处于"局内"生存关系的个人显明自身的意义，我们就有可能进一步考察个人对这种显明所作出的反应。在《哲学片断》中，按照克里马库斯的描述，个人的理智和绝对悖谬的相互关系，会有两种可能的情况。如果它们还尚未相互理解，那么，它们之间的关系就是不幸的，他把"理性的这种不幸的爱"称之为冒犯。反之，一旦当两者达到对各自差异性的相互了解，那么他把这种情况称之为"快乐的相遇"，这种快乐是一种"激情中的快乐"。① 让我们首先来看个人所作出的冒犯这种反应。

从克里马库斯对冒犯所作的这种描述来看，冒犯有如下的几点特征。首先，从生存论上来看冒犯发生的原因的话，它与个人的理智遭遇到绝对的悖谬相关。而冒犯的发生意味着理性试图理解绝对悖谬的失败。换句话说，冒犯是个人遭遇到自身理性界限的一种下意识反应。上面我们已经从存在论和认识论两个层面分析了绝对悖谬给人的理性带来的挑战。假如说人的理性去思辨地思索其间的冲突时，还能够在思辨中寻求到各种解释的话，那么，个人在实际生存中所遇到的那具体而特定的绝对悖谬——上帝的道成肉身，却让人们无法仅仅以理性思辨去面对。

---

① PF. p. 61.

第六章　宗教 B：个体的人与信仰

近代以来，康德和维特根斯坦都想要为人的理性划一条明确的界线。然而，克里马库斯在这里对冒犯的描述，却间接地让我们提出这样的问题：人的理性能够自觉到自身的界线吗？个体在生存中具有的那种冒犯的生存状态使得任何对此乐观的回答都成为有疑问的。理性如果能够自觉到自身的界线的话，它就不会被悖谬所冒犯了。冒犯的发作在人的理智看来是一种失态，出乎它自己的意料。这正表明它对自身的有限——悖谬之为悖谬的绝对性——缺少认识：

> 冒犯不能事先为理智所发现，对此理智还差的远。真若能的话，理智也一定能够认识悖谬，但这不可能。冒犯还是随着悖谬进入到生存中。[1]

一般地说，理性的特征是不断地扩展自己的视域：它要思索人思想的前提，而一种前提被明确后，它要进一步思索这前提的前提。在这个意义上，理性的特征就是永无止境的寻求。但在绝对的悖谬面前，理性以一种自己没有意识到的消极方式遭遇到自己的界限，

> ［理性］自己不能思索它，甚至不能使自己发现它，当它被宣告时，理性不能理解它，而是感到一种崩溃的威胁。因此理性有很多的理由去反对它。[2]

冒犯是人的理性面临崩溃之威胁时的一种下意识挣扎。

实际上，对一个生存于具体处境中的个人而言，所谓个人的理智首要地体现为个人所生活于其中的群体或社会关于价值

---

[1] PF. p. 64.
[2] PF. p. 59.

观念及各种习俗的"日常信念"或"合理结构"。这些都是个人中属于自然范畴的普遍性因素。在个人成为觉醒的精神与那悖谬（Paradox）相遇之际，首先受到冲击的正是这些普遍因素。悖谬与人理性的冲突表现为正是其与人已经拥有的"合理结构"或"日常信念"的冲突。在《基督教中的实践》中，安提－克里马库斯从基督教的角度，分析了基督给人们（尤其是当时的犹太人）带来的冒犯。人在这位面前受到的冒犯是：什么？那个看上去与我同样的人竟然自称是神，而且自认为有权赦免我的罪？这就是基督同时代的犹太人所受到的冒犯。其实，这里所触犯到的是人们心中已有的上帝观念，以及人们认为自己已经具有的那些"真理"。这种冲突主要表现为两种情况。(1) 从人方面来看，"那个人"被他自己抬高了。人们所受到的冒犯是，那个人"所言所行仿佛他就是上帝"，表现得像是有上帝的权威。[①] (2) 从上帝的角度，上帝被低置了。上帝怎么会表现得如此卑微和无力，竟会被人钉在十字架上。这个"卑微、穷困、受苦、最终毫无权力的人"怎能与上帝的荣耀、威严和全能相提并论呢？[②]

这就涉及到冒犯的另一个重要特征：

所有的冒犯在最深的根子上都是被动的。[③]

换句话说，不管个人是否愿意，当他遭遇到绝对的悖谬时，他总会被冒犯，冒犯的出现正表明他被悖谬所牵引，以一种被动和消极的方式，进入到和绝对悖谬的生存性关系中。

---

① PC. p. 94.
② PC. p. 102.
③ PF. p. 61.

按照《哲学片断》中克里马库斯的描述，就表现上来说，冒犯时常表现为是一种情感性的发作，"一种使我们自己也感到心惊肉跳的大胆或鲁莽。"[1] 自己的鲁莽发作甚至让自己吃惊，因此它表现为是一种失态；但它以自身冲动的方式表现出来，又让人忘记了其实自己是被动的，是被激发起来到了以致不能自制的地步。不管冒犯以什么方式表现出来，一旦当它表现出来，当事的人时常不知道这种情感究竟来自哪里，就像是一种听觉上的幻觉一样，但实际上，它来自于那个悖谬，"不过是那悖谬的回声而已。"[2] 人在冒犯时的各种抱怨、反对、借口与冲突，都以当事个人当时意识不到的方式源自于绝对的悖谬。就这样，在冒犯中，个人被悖谬牵引着进入到生存中，以消极被动的方式进入到与悖谬的关系中，正如克里马库斯所表达的，像是一种爱的关联，尽管是一种"不幸的爱"。

再次，冒犯作为绝对悖谬与个人建立起来的个人性关系的一种消极表达，其被动情感性的特点，使得当事个人进入其"内向性"，这成为个人成为他自己的重要一步。在这之前，个人总是按照他的理智，或者更严格地说，是按照他在群体中所接受的"合理结构"或"日常信念"，去认识和判断事物。他可能会把在这种已经被众人接受的普遍特点下对自己的认识当作"自我"。然而，或许让当事者自己也没有想到的是，在与绝对悖谬的相遇，使这"合理结构"和信念受到威胁时，个人在冒犯中表现出的挣扎却正"泄露出人中的心思意念"。一方面，尽管是出于意外，当事个人却在这种"泄露"中看到一点

---

[1] PF. p. 61.
[2] PF. p. 63.

自己的生存样式,为建立起一种与自己的真实关系提供了可能;但另一方面,在个人的这种"泄露"仍然是以一种消极或否定的方式呈现、而个人还无法接受自己的意义上,冒犯暴露出人作为个体生存的"非真实"的那一面。

最后,冒犯所泄露出的个体的这种"非本真"的存在,正是基督教所言的"罪"在生存论语境中的表达。个人与绝对的悖谬相面对时,以冒犯方式所建立起来的个人性关系,把个人的"罪"(非本真的生存)明白地显明出来,更确切地说,把个人作为一个"罪人",明白地显露出来。没有与绝对悖谬的这种个人性关系,个人的"罪人"身份总是隐而不现,尽管个人可能会对"罪"的问题有很多的认识。如果说冒犯是把个人个体化出来的重要一步,那么个体化出来的个体首先是"罪人":

> 冒犯就与单独的个人相关。基督教以此为起点,也就是以让每个人都是一个单独的个人、一个单独的罪人为起点。①

从生存论的层面上看,以冒犯方式呈现出来的个体的"罪"有两层含义。首先,冒犯泄露出个人自然的存在特征是自我中心的方式。由于对自己理性的有限性缺少认识,因此会把自己已有的现成的"合理结构"或"日常信念"当作认识和判断事物的某种终极标准。用此作为衡量一切的标准。而对一切与此衡量标准不相符合的东西一律排斥。在这个意义上,个人以此种方式表明的自我中心正是冒犯所显露出来的"罪"的

---

① SUD. p. 122.

含义。其次，冒犯泄露出个人生存中深层次的"自欺"性存在。当个人被动地以个人不愿意面对或承认的方式呈现时，个人给自己找出了一些只能被自己接受的理由。在这些理由的掩饰之下来面对自己。"罪"正是指个人的这种"不本真"的存在。

第三节 信仰式的回应关系

与冒犯的反应相反，信仰的反应是个人对与其有个人性关系的绝对悖谬的积极反应，即那种"激情中的快乐"，体现出个人理智与绝对悖谬的和解。这里，冒犯的反应和信仰的反应不是两种彼此无关的反应，好像有些人可以选择冒犯，而另一些人可以直接进入信仰。实际上，按照祁克果的思想，作为同一个个体在与绝对悖谬发生个人性关系时所可能发生的两种回应，信仰的反应和冒犯的反应有着紧密的关联。如果个体没有深切地经历冒犯的困扰，也就不会有转向信仰所发出的那种激情中的快乐。个人通常是首先通过冒犯而形成与绝对悖谬的个人性关系。在这个意义上，正是冒犯为信仰提供了可能或者推动。可以说，个体与绝对悖谬的个人性关系，就是以冒犯和信仰之间构成的张力为其特征。于是，这里的问题就变成：个人由冒犯向信仰的转变是如何发生的？祁克果对此所给出的回答是：这是一个"跳跃"（leap）的过程。

跳跃是祁克果托名作品中常用到的一个重要概念，同时它也是常引起人们误解的一个概念。一般地说，跳跃这个概念主要有两个层面的含义。首先，在《附言》中，克里马库斯总是把跳跃与个人性的决断联系在一起。① 可以说，跳跃就是个人在与绝对悖谬相遇时，借着内向性之激情作出的决断。这种决断不是理智判断或论证的结果。如前面我们已经看到的，冒犯的发生已经表明人的理智遇到了界限。它所引发的对自己的绝望也可以说就是对理智的绝望。因此，跳跃在这里所表达的意思乃是个人的决断未经理智保证的意思。其次，祁克果在其他地方，也在一个更广泛的意义上把跳跃等同于一种连续性的中断。按照戈里格·麦兰楚克的概括，这一点可以表述为："无论是在思想还是生存中，都不可能实现一种连续的运动。思想和生存都会遭遇到确切的限定，非经过跳跃就不能进入另一个层面或境界。"② 其实，克里马库斯也多次在思想层面或生存中这种"中断"的意义上使用跳跃这种概念。在我们当下所要讨论的问题语境中，即在个体与绝对悖谬相关中，由冒犯向信仰的转变所经历的跳跃，同时具有上述两个方面的意义。

跳跃由于不是凭借着理智作出的决断，而常被误解为是全然盲目的。人们由于这个误解而把祁克果的思想看作是反理智的，把理智与信仰完全对立起来。个人因为失去理性的依据或个人筹划的稳靠，使得向前的迈步犹如"跃入一种黑暗"，或者如祁克果自己常形容的，像是"跃入70,000 浔深的水中"。③ 但是，就跳跃的"局内"者有清楚的动机（或愿望）和明确的向往这层意义来说，向着信仰的跳跃并不全然是盲目的。

首先，个人向信仰的跳跃有其一定的动机。是什么推动了

---

① CUP. p. 99; cf. pp. 95, 100, 102, 105, 381, 384.
② JP. 3, p. 794.
③ JP. 2, p.1142.

个人由冒犯向信仰的转变？如果从个人受冒犯的反应看，那绝对的悖谬是如此荒谬，为什么人还会转向去信仰这种悖谬？如果用信仰者安提-克里马库斯的表述的话，这种推动来自个人对自身罪的意识：

> "如果基督教生活是如此可怕的事情，一个人怎么还能去接受基督教？"如果你想要了解的话，非常简单，按照路德宗的途径，如果我敢于如此表达的话，惟有罪的意识能够迫使（这种推动的另一面是恩典）人进入这种可怕的基督教生活。但就在那一时刻，这种生活会转变，显明是纯粹的亲和、恩典、爱和同情。①

如前所述，冒犯把个人作为"罪人"显明出来，并且它同时会把人带到这样一个地步：即个人因为对自身理性的绝望，而经历着对自己的绝望。这种绝望包含着，对于能够靠着自己从这种"罪"的地位中摆脱出来的绝望：

> 个体生存者必会把自己看作是一个罪人，不是客观化地，那是无意义的；而是主体性地看。于是，这便成为最深切的受苦。他会运用他全部心智的力量去试图理解罪的赦免，但他最终会对这种理解感到绝望。由于存在着相反的理解，信仰的内向性必会涉入到那个悖谬。②

这里我们看到，想要从"罪人"的地位中得到解脱的愿望，以经历了对自身理性的绝望之后，会不得不去面对绝对的悖谬。因此，就是这种更深层次的愿望，而非出于某种理性的理由，

---

① PC. 67.
② CUP. p. 223.

构成了个人向信仰转向的动机。

另外，个人向信仰的跳跃也有其明确的向往。这就是在他处于自身的绝境中时，绝对的悖谬向他展现出来的希望。在生存论上，个人对自身的绝望亦可以表现为个体可能性的消失，即从人的眼光来看，"自我"的实现已经没有任何可能性了。惟有在这种绝境中，他才会看到或者相信来自另一个源头的可能：

> 决断首先来自于：当一个人被带到这样一个尽头，以至从人的角度来看，已经没有任何可能性了。于是，问题就变成：他是否愿意相信对上帝来说，任何事情都是可能的，就是说，他是否愿意相信。①

这种向往，或者说愿意相信上帝（化身为绝对的悖谬）所展现的可能，成为个人向信仰的跳跃中替代了理智的一种新的稳靠点。

因此，从个体人的生存角度，克里马库斯给信仰下了这样的定义：

> 内向性的激情，在其达到最大的张力关系中，所把握住的因其荒谬而让人拒斥的客观不确定性。这种形式只适用于一个有信仰的人，而非任何其他的人，甚至恋爱者、着迷者或思想者都不能达到这种程度。②

由此看，在生存论层面上，信仰的特征正是通过个人向信仰跳跃的过程得到刻画。这个跳跃的过程可以看作是个体与自己相

---

① SUD. p. 38.
② CUP. p. 611.

关的内向性,在经历了惊骇和绝望后,在一种向往中,激情达到最大拉伸的过程。在这种激情达至最大的向往中,个体人与绝对悖谬的关系达到和解,从而使在这种激情中所流溢出的"快乐"成为信仰的标示。在这个意义上,祁克果把信仰看作是个体在生存中的一种达到了极至的激情,这种激情甚至是恋爱者、着迷者和思想者所不能达到的。它只是个体的人所特有的一种生存状态。然而,信仰的含义并非只是表现为个体自身的一种生存状态。这只是信仰在生存论上的一层含义。在生存论上更确切地说,信仰是个体与绝对悖谬(宗教 B 中即指基督)形成的一种"局内"关系,在这种信仰关系中,悖谬已不再对个体"局内者"表现为是一种荒谬:

> 当信仰者有信仰时,那荒谬就不再是荒谬——信仰将它转变了;但在每个软弱的时刻,它又或多或少地对他构成荒谬。[①]

在这个意义上,信仰意味着个人与绝对悖谬的一种和解,意味着个体与绝对悖谬之间的一种全新关系。而这种关系的转变并不是一劳永逸的。当个体激情的张力减弱的时候,绝对悖谬会继续地向个体表现为荒谬。因此,在个体在冒犯和信仰之间构成了对绝对悖谬的张力性的回应关系。

这个过程从形式上看,仍然是"据有过程"的形式,似乎和我们在宗教 A 情况下看到的"据有过程"没有多大区别。然而,如果我们注意其内容上的差别,我们还是可以看到两个根本上不同。首先,个体的人在这里所遭遇到的是宗教 B 特

---

① JP. 1, 10.

有的绝对悖谬,而非宗教A情况下的普遍原则或目标。因此,这个定义讲得是基督教的信仰,它"只适用于一个有信仰的人,他使自己与绝对的悖谬相关。"[1] 这个绝对的悖谬向个体表现出的不是一般的客观不定性,乃是因其荒谬而遭人拒斥的客观不定性,它要求个体人内向性的激情达到其最大的张力,否则不能胜过荒谬而抓握住其所展现的另一个源头的可能。然而,仅是这个区别还不足以和宗教A构成根本性的区别,个人乃是与绝对悖谬相遇的意义主要体现在下一个区别中。

在个人向信仰的转向中,按照祁克果所坚持的基督教正统思想,这个过程同时涉及到两个层面的因素:上帝的恩典和个体人的激情的决断。上面我们只是从个体人激情的层面看到的与宗教A的区别。如果单从这个人的层面,确实很难和宗教A区别开来。而在克里马库斯的生存论语境中,另一个更重要的层面,即上帝的恩典在以一种间接的方式体现出来的。这就涉及到个体的人与绝对悖谬所形成关系的根本特征:两者的关系是一种个人性的"位格性"关系(Personal relationship),并且从更深的层次上讲,个体的人在这种关系中是处于被动地位的,无论是处于冒犯还是信仰的反应状况,个体都是被绝对的悖谬所牵引。在个体与绝对悖谬形成的冒犯性关系中,我们已经看到冒犯的被动性特点,个体乃是被牵引到这种关系中。而在上述"据有过程"中,这种被动性则主要体现在,原本向个体"局内者"表现为荒谬的悖谬,现在在信仰关系中则展现为是其所向往的希望,就是说,荒谬一旦成为个体人所竭力抓握的,它也就不再表现为是荒谬,它成为绝望的个体所能够抓住

---

[1] JP. 1, p. 10.

的一根绳子，因为正是它是个体一直在与之较量的。它一直在牵引着个体，现在它成为能够把他从罪和绝望中牵引出来的惟一希望。表面上看，个体的人好像是主动的，但在祁克果看来，在更深的层次上，个体人是被动的。他必须以自己的全部激情去面对这个绝对的悖谬。因此，在冒犯和信仰之间构成了对它的张力性的回应。

这样，按照祁克果的思想，在生存论上讨论基督教信仰所表现的"据有过程"的意义时，一定要在个体的人与绝对悖谬的个人性关系这个前提下，讨论才有意义。在宗教 A 的情况下，我们曾把其中的"据有过程"当作个人的"个体化过程"。通过这个过程，主体力求能够实现自我，或者说，在某种普遍原则之下实现自身的可能性。但在基督教中，按照克里马库斯的论述，"个体化"的过程要更为复杂。个人成为个体之人的突出特征是：他被迫跃过自己连续性的某种中断，而"成为另一个"。换句话说，他不是在实现已有的"自我"，这种"自我"所表现出的各种可能已经被否定为一种不可能性，以至于个人如果要使自己与永福相关的话，只能依赖从那本为荒谬的绝对悖谬中展现出来的可能，并借着抓握住这种从另一个源头现出的可能而"成为另一个"，成为他本质上所不是的。这种"成为另一个"（becoming another）的表述并不是说人的自我消失了。实际上这里可以理解为，失去或中断的只是过去在人的眼光下所看见或以为的"自我"，就是那在众人或习俗的生活中体现在"合理结构"或"日常信念"中的"自我"。而"成为另一个"可以理解为，个体的人对自我的意识现在变得完全依赖于另一位实在，这就是绝对的悖谬（基督）。换句话说，现在所变成的自我，乃是在与另一位实在——绝对的悖

谬——的关系中形成和被意识到的自我,祁克果有时把它称之为神学意义的自我,这是作为信仰者的安提-克里马库斯所意识到的:

> 至今为止,我们所考察的自我意识的不同层面都是在人性的自我(human self)这个范围内,即从人的角度看到的自我。但这个自我直接进入到上帝的眼光之下时,它会得到一种新的特质或资格。这个自我不再只是人性的自我,而是我所谓的,希望不至引起误解,神学上的自我(theological self)。①

其实安提-克里马库斯在这里所说的神学的自我也正是他对《致死的疾病》一开篇对自我的定义。在这个定义中他已经强调,个体与自己的这个自我关联乃要有一个更高者的参与,就是说,是在上帝面前形成的自我关联,而不是在众人面前形成的自我关联。在这个意义上,所谓"成为另一个"实际就是成为真正意义上的自我(关系)。

因此,要理解个人在基督教信仰途径下的个体化过程,个人与绝对悖谬的个人性关系十分重要。这个"personal relationship"在中文中不太容易表达出其更深的内涵。这与person这个词的难译关联在一起。它可以译成"人格",而在基督教中也常译成"位格"。因此在这里,这层关系也可以表达为"位格性关系",但中文的这种表达很难让人把握住其中的含义。实际上这种个人性关系在生存论上即个体与绝对悖谬形成的"局内"性生存关系。它与传统认识论的"局外"(或旁

---

① SUD. p. 79.

第六章　宗教 B：个体的人与信仰　　　　　　　　165

观）关系相反。祁克果用"同时代性"来表达这种关系。这也就是为什么祁克果常把信仰直接就定义为"同时代性"（contemporaneity），或者在后期进而将其定义为"门徒性"（discipleship）的原因。个体的人与绝对悖谬的关系不是一种思想或意识上的关系，乃是一种现实的生存性关系。这种现实的"位格"性的生存关系被祁克果用上述两个范畴来给予概括。首先，这种生存关系是一种"同时代性"的关系，即个人作为一个信仰者同他所遭遇的绝对悖谬之间形成的关系，如同他与另一个同时代人所形成的现实关系：

> 为了能够成为一个信仰者，他一定已经是，并且作为一个信仰者现在也一定是，与基督临在（presence）的同时代人，就如他当时的同时期的人一样。这种同时代性是信仰的前提，或者更确切地说，它就是信仰。①

这种同时代性强调的是，绝对的悖谬有其现实的实在性，并因此使得它与个体的人形成的关系是一种生存性关系。其次，在祁克果后期的作品《基督教中的实践》中，安提-克里马库斯更进一步从"门徒性"意义上补充了"同时代性"的含义。这就是把绝对悖谬（基督）当作典范（pattern）来效法。这种效法不是一种直接模仿，好像对象只是一个被动的原型。相反，这种门徒性强调的是一种位格或人格性的关系，这种位格关系的核心是依赖。对于一个信仰的个体来说，惟有借着信靠、依赖才能与这样一种典范发生关系：

> 这并不简单地把基督当作是原型，我只要模仿他就行

---

① PC. pp. 9-10.

了。首先，我为了能够效法他，我需要他的帮助，况且，考虑到他是人类的拯救者与和解者，我事实上也不能和他完全相像。①

从生存论的角度来看，当个体的人在这种效法中变的与绝对悖谬更加相通之时，也正表明那绝对悖谬中的永恒进入到了个体中。

当个体的人经过激情的决断从冒犯中转向到信仰的状态中来时，个体的人与绝对悖谬的关系成为"激情中的快乐"。可以说，这种在内在性中表现出的快乐是以存在论的语境对个人在宗教中所追求的永福的一种表达。个体的人在这种永福中进入到永恒，这种永恒成为个体当下存在的证明和特征。在这个意义上，历史中的个别和那永恒，这两个似乎被无限的鸿沟隔开的方面，现在通过这个"据有过程"关联起来："基督教就是这样一种惊人的激情：你的永恒在此生中就决定了。"②

---

① JP. 1, 693.
② JP. 1, 547.

第七章

个体的人及其相互关系

在祁克果的思想中，人与人之间关系的维度，乃是一个十分重要的维度。长期以来，一种流行的误解认为他似乎只关心个体的人，"孤独的个体"，这样的人似乎追求的只是自己的内心，而与这个世界和他人完全隔绝。当人们把他的作品和他自己的人生直接关联起来时，人们更加深了这种看法。确实，在祁克果的思想中，决定个人成为个体的人无疑有一个相对"他人"的维度。但我们同时看到，成为个体之人的更重要的维度乃是相对"神－人"的维度。如果我们忽略了这个更重要的维度，那么我们就难免产生上述的误解。实际上，从这种误解出发，我们很难理解像"间接交流"和"邻人之爱"等关涉到个体的人之间相互关系的主题，何以在祁克果的著作和思想中占据如此重要的地位。仔细关注祁克果的作品就会发现，他的作品从始到终贯穿着他对间接交流的关怀。而这种关怀正表明他对人之间关系的重视。在过去的20年里，有越来越多的研究资料显明，人们越来越重视祁克果对人的社会性方面的研究，以至这成为祁克果研究的一个新动向。① 这让我们认识到，对

---

① Arnold B. Come, *Kierkegaard as theologian*, p. 339.

个体人的研究应该与个体人之间的相互关系关联起来,以便防止或者纠正过去对祁克果思想的那种误解。限于本书的研究主题和篇幅,我们只能在这章里对这种关系作一个简略的论述。首先,我们分别从《附言》中生存论的层面,以及《爱的德行》所提供的基督教的立场,看个体的人在生存中所表现出的相互关系的特点。最后,归纳出祁克果对个体的人与"会众群体"之间的关系所作的辩正理解。

第一节 个体之人的相互交流

在《附言》中,克里马库斯把真理的交流区别为直接交流和间接交流两种方式。其中间接交流就是针对个体的人之间相互关系来说的。

所谓直接交流是指,某些类型的客观真理(objective truth)可以作为一个结果(result)来直接交流,和直接交流双方个人性的过程没有直接关系。[1] 这样一种交流发生在思想的层面,交流的知识只要被理解和接受下来,交流过程就算成功了,例如数学中的定理和自然科学中的定律,在现代学校的课堂中就是被直接地交流。这些知识已经与当时发现或概括它们的过程(当事人或其所经历的事件)没有直接关系了。它们已经被体系化了。当然,在这种直接交流中的知识也需要有一个被理解过程,但这是一个思想过程,而不是一个个人性生存过程。换句话说,这样一个思想过程具有某种"普遍性",并不一定要与发生交流的具体个人直接相关。相反,作为对客观

---

[1] CUP, p. 73.

真理的理解和接受,恰恰要求排除"个人性"的东西,去尽量地遵循某种规范。在这个意义上,直接交流并没有刻画出交流者之间的相互关系。

所谓间接交流是指,对于**主体真理**(subjective truth),只能作为一种生存方式、道路或途径(way)来给予间接交流。[①] 这是单个主体(即个体的人)之间的交流,这种交流的特点是由单个主体所特有的双向反思性决定的。因此,与直接交流不同,这种间接交流关系反映出个体的人之间的相互关系。

我们已经看到,在克里马库斯对单个主体所作的生存论分析中,一个很重要的区别就是反思与生存的区别,在这个区别的前提下,生存就是重复或再现,即将反思中的可能性在生存中实现出来。我们知道,在这种生存过程中,单个主体的反思是双重向度的,即向着普遍性观念或绝对目标的向度,以及向着个体生存处境的"内向性"的向度。与直接交流不同的是,个体人之间的交流一定要经过各自的"内向性"向度。就交流的接受方而言,所交流的内容能够成为他自己的真理,一定要经过自身的内向性"据有"过程。这个过程并非任何他人所能够强迫或诱导出来。如果真是如此,那么在克里马库斯看来,这一定不是他自己内向性中激情"据有"的结果。

因此,对交流者来说,对方第二向度的反思是否发生,不能由交流者保证。他不能强迫和诱导接受者去实行第二向度的反思,这不可能达到目的。内向性的开启或"据有"过程的特征是自由,如果不给对方以自由,他就不可能有自身内向性的"据有"过程:

---

① CUP, p. 73.

> 正像生存着的主体思想者借助于双重性使自己得以自由一样，因而，交流的奥秘关键就在于使得他者得以自由，正是出于这个原因，他一定不能直接交流自己。①

可以说，相对于让对方接受现成的观点而言，给对方以自由，让其通过内向性的据有过程成为个体的人，则成为交流的更重要的目的。这种自由体现在，只提供给对方一些可能性，而非现成的结论。实际上，如果所交流的是主体真理，它也不可能是现成结论：

> 生存现实不能交流，主体思想者在其伦理生存中有其自己的现实性。如果现实性是被第三者所理解，它一定被理解为可能性。对此有所意识的交流者因此要注意：正是为了定向于生存，他的生存交流是可能性的形式。②

交流者提出可能性，接受者自由地在其内向性中作出决定，并为此承担责任。在这个意义上，间接交流的过程与成功与否，是由两个交流着的单个个体平等地决定的。

不过，如果间接交流只是由于接受者的内向性造成，而与交流者的内向性无关的话，那么，两个单个交流主体还不是完全平等的。实际上，间接交流的另一重主要原因就是，交流中的交流者亦处于其内向性当中。要注意的是，对祁克果来说，处于内向性的个体人定有要交流的需要，并且惟有在此前提下，才有所谓"主体真理"交流的可能性：

> 生存于孤立内向性中的个体的人需要交流自己，因而

---

① CUP, p. 74.
② CUP, p. 358.

是在保持他在个体生存内向性中的思索的同时，要来交流自己。①

从交流者的角度，如果说个体的人生存于自身的内向性中才真正需要与其他个体交流，那么个体关于生存真理的交流就与其处于内向性有密切关系。然而，这种内向关系对个体之人来说，是一个总在进行中的"生成"过程，生存个体只能根据自己在这个过程中具体的处境，部分地表达他于内向性中所得到的。个体内向性的这些特征，使得生存中的单个主体不可能采取直接的交流方式。首先，直接交流所采取的对象化方式会使个体失去其内向性，从而使个体所交流的不再是一种主体真理。其次，直接交流总要求确定性，并因此要求主体生存过程成为已完成的而直接取其结果。这对一个始终处于"生成"过程之中，并以其全部来关注过程的个体交流者来说，则是不可能的：

就像处于与上帝相关联的情况，正因为他自己持续处于沿内向性方向生成的过程，就是说，在内向性之中，因此他永远不能直接交流他自己，这里的运动正好是相反的。直接交流要求确定性，而对一个处于生成中的人来说，这种确定性是不可能的。②

所以，在个体的人之间发生的间接交流要达到的目标就是：保持自身内向性，同时又给对方一定的自由，使之亦进入到他自己的内向性。因此，交流的每一方都不仅要考虑到需要

---

① CUP, p. 73.
② CUP, pp. 73-74, n.

交流的内容,将其化解为一些可能性,同时也要考虑到交流的对象,因而使交流的形式与其内容相结合。这构成了间接交流的两重要素:

> 主体思想者必须敏锐地意识到,就像对在思索中生存着的自己要给予足够的反思一样,他还必须对交流的形式给予同样足够多的艺术性反思。①

主体思想者的交流形式就构成了他的风格(style)。②

祁克果自己多次提到的一种间接交流方法,就是苏格拉底的"助产法"。而祁克果自己所采用的间接交流方法要比这种"助产法"复杂得多。在第二章中,我们介绍了祁克果作品的复调结构。其中托名方法仅仅是这种间接交流方法的一种表现形式。除此之外,具体到托名于克里马库斯的作品中,克里马库斯更具体地把这种间接交流方法表现为:他以一个实验者的身份,只提供"思想的方案",即不同的可能性,"读者"作为接受者,自己去承担作出结论的责任。

实际上,我们在这里讨论间接交流方式的主要目的,主要是想从中看出个体的人之间的关系。这里要注意的是,同是间接交流方式,但不同的表现形式,仍然可能表现出人与人之间不同的相互关系。在托名于克里马库斯的《哲学片断》中,如我们已经看到的,就对比了所提到的两种间接交流的不同表现方式:苏格拉底的"助产法",以及克里马库斯自己的方法。从一定意义上讲,苏氏的"助产法"反映的是在宗教 A 情况下的人与人之间的关系。这种关系的特点是,它只是一种个人

---

① CUP, p. 74.
② CUP, p. 357.

与个人之间的关系,尽管"这种关系是一个和他人所可能有的最高关系"。① 其实,相对于被"助产"的真理而言,这两个个人之间的关系是偶然的。相比之下,克里马库斯自己在生存论的层面上从"真理"角度对宗教 B 的描述,反映的则是个体之人与"神-人"之间以及个体之人相互之间的三元关系。在基督教的背景下看,"神-人"(基督)并不只是与一个个体有个人性关联,而可能是同时与多个个体直接交往。就"神-人"给每个个人认识真理的条件而言,每个人在"神-人"面前都是平等的。个人因为与"神-人"的关系而成为个体之人,其内向性在信仰中表现为最大张力的激情。这种关系不为其他个体所直接影响。处于这种个人性关系中的个体之人对他人所能做的,就是为真理"作出见证"(bear witness),使自己成为他人与"神-人"相遇的契机。这些个体之人所以能够关联起来,乃是由于他们各自相关的是同一位"神-人"。个体之人与这个"神-人"及他们相互间的三元关系,并不单纯是一种"真理"上的关系,同时是生存中"爱"的相互关系。

第二节 个体之人的相互关系

上面我们通过对祁克果间接交流方法的分析,考察了他对个体的人之间关系的看法。所侧重的角度主要集中在个体之间对真理的交流方面。实际上在宗教 B 的阶段,祁克果关注个体的人之间相互关系的另一个角度就是"爱"的角度。他对此的讨论主要集中在《爱的德行》这本著作中。这是一本署名作

---

① PF, p. 12;中译本,111-112 页。

品，因此其中的立场是基督教的立场，涉及到个体的人之间在实际的生存中所可能表现出的理想关系。可以说，在此作品中对个体之人关系的讨论，更多地显示出祁克果对个体的人之间关系的关注，以及对人之间真正的相互关系的向往。这一点可以帮助人们多少消除一些认为他只关注个体的人这样的误解。否则，我们就无法理解他的这本书，就如他的主要英译者洪氏（Hong）在这本书的前言中所指出的：

> 认为祁克果除了论及到纯粹个体性的伦理之外，对其他个人的社会性伦理没有任何意识的那些人，不能领会这本《爱的德行》。[1]

实际上，祁克果事先就预计到人们对他的这种批评，即认为他只关注那"孤独的个体"。对于这种可能的批评，他事先就对此作出了反省。这一点显示在他写作《爱的德行》之前所写的一篇日记中：

> 现在，偶尔关于我新的造就讲章，他们大概会大叫，我根本不知道这会带来怎样的后果，以及我对社会性一窍不通等。这些愚人！但另一方面，造成这种情况也与我有关，我要在上帝面前承认，在一定意义上，这种说法确实有一点道理。只是人们还没有理解，就是说，我通常先把某一方面突出地、明显地呈现出来，然后我会更加强调另一个方面。现在我在下本书中会涉及到这个主题，这本书就是《爱的德行》。[2]

---

[1] WL, p. 17.
[2] WL, p. 18.

第七章　个体的人及其相互关系

从这里我们可以看到，祁克果自己的计划是这样一个秩序：先突出、明确地阐述个体之人的意义，然后他会论述到个体之人的相互关系。这本书的主题就是个体的人之间的相互关系，并且它也正是祁克果所想要关注和强调的主题。

在这本书中，祁克果从"爱"的角度来看人与人之间的关系。他把人之间的爱区别为两类：偏好之爱（preferential love）和邻人之爱（neighbor love）。

所谓人的偏好之爱是指，个人基于自身的喜好（如意气相投），或已经存在的某种联系（如血缘关系），有选择地喜爱周围的某些对象，并且人们因为这种喜爱形成了把其他人排除在外的自然群体或各种"圈子"。

祁克果认为，这种偏好之爱在更深的（生存论）层面上是一种"自爱"（self-love），即个人对自我的爱，而非真正对他者的爱。换句话说，个人并没有在这种爱中形成与他者的真实关系，即个体之人之间的相互关系，在生存论结构上，仍然是与自己的关系。对此的论证可以有如下几个方面。

首先，这种爱由人的"自然性"所决定，受本能-情感的支配，而倾向于一种自我-中心。在情爱或友爱的方式中，个人受自然性的支配，得到一种自身的满足。在祁克果看来，"我"爱的是另一个处在爱中的"我"，一个在爱之中现身出来的"我"："情爱和友爱是最高程度的自我情感，我陶醉于另一个我之中。"[①] 这是个人自我尚未完全觉醒的情况，个人只是在这种喜好、自然情感的表露和满足中看到自己，并在陶醉于这个自己之中，达到自身的认同与合一。在整个这种"活动"

---

① WL, p. 68.

中，个人所看到的只是他自己，"他人"不过是他实现自我的一种方式或途径。

> 在情爱和友爱达到高峰之际，两者（我和另一个我）则变成一个自我。造成这种情况的原因在于，这种排斥性的爱是由自然因素（喜好或偏向）所决定的。①

其次，这种出于"自然性"的喜好或偏爱让个人有选择地认同一些排他性的群体。个人对另一个人的偏爱可以是由于对方存在着吸引他或让他羡慕的地方，也可以是在一定处境下两人存在着某些共同之处：

> 两个朋友彼此喜爱，可以是出于在习惯、性格、职业、教育等方面的共同之处，就是说，这种爱是建立在他们与其他人有区别的基础上。②

在祁克果看来，这种在与其他人相区别的"圈子"中，寻求相互的认同，正是个人寻求自我认同的一种方式。因此，个人在此关系中所关注和寻求的仍是对自我的认同。

最后，出于"自然性"的偏好之爱让个人的爱局限在某些与自己的生存紧密相关的小群体中。个人所生存于其中的某些群体，如出于血缘关系、职业或其他环境因素所形成的群体，会通过自身形成的生活习惯、习俗和规范等，强化自己与其他人的区别，并因此形成个人对此小群体在生存上的依赖，即只能在这种群体中取得生存上的相互满足。这种生存上的依赖性造成了个人的偏好之爱，使其相应包含了个人在生存上的某种

---

① WL, p. 68.
② WL, p. 69.

需要。这也是自爱表现的一个方面。

上面几种情况表明，偏好之爱是有条件的，是与个人自身喜好的满足紧密联系在一起的。祁克果对其有所批评的一个重要理由是，偏好之爱形成的群体本身成为人们自我认同的主要基础和途径，而不是个人与他自身的关系。前面我们已经看到，在祁克果看来，从终极的意义上来说，这也正是人们成为"众人"的根本原因。尽管祁克果把这种偏好之爱归之于自爱有极端之处，可能会导致人们认为他在否定这种爱有任何的伦理价值，但祁克果在这里向我们提示的是，人的这种偏好之爱是有限度的，有条件的。依照他的思想，在感性吸引的情况下，或者出于社会习俗、伦理价值的相互认同，以及在家庭关系的基础上，所形成的相互关系都属于幸运或机缘性的偶性范畴，构成这种爱之基础的各种偏好或一时认同都会变化，甚至转化为嫉妒或怀恨。因此，个人会失去他的爱人或朋友：

> 确实，你也能继续爱你的爱人和你的朋友，不管他们怎样待你。但你不再能够从心里由衷地继续称他们为你的爱人和朋友。[1]

与这种偏好之爱相反，邻人之爱是无条件的，是个体的人与个体的人、自我与另一个人的自我、精神与另一个觉醒的精神之间的关系。在这种邻人的爱中，人作为个体的人之间的平等关系得到确立：

> 只是在对自己邻人的爱中，那在爱中的自我才被纯粹

---

[1] WL, p. 76.

精神性地确定为精神，而其邻人也被纯粹精神性地确定。①

这里，所谓"邻人"有几个层面的含义。首先，邻人"意味着所有的人"，②每个人都有可能成为一个人的邻人，但这是在原有自然性所带来的各种差别被破除以后的结果："你的邻人是每一个人，而在差别的基础上，他则不是你的邻人，同样，在与你相似而与他人有别的基础上，他也不是。"③在偏好所造成的差别消除了以后，这个范围就超出了任何亲友圈子的范围。邻人不是个人所选择的，乃是他所遭遇的人，并且是按着自己的责任愿意与之相遇的人。尽管就实际的发生来看，邻人之爱也是发生在个体人与另一个体人之间的事，但它一旦实现在与这个个人之间，就完全可以实现在与任何其他人之间，因为邻人之间没有任何类似于亲友之间的区别。在这个意义上，所有的人作为邻人都是平等的。

其次，邻人从词义上讲，"是在近处居住的邻舍（near-dweller）"④或者说，是比其他人相距更近的人。但这种"更近"不只是在空间或时间意义上说的，也不只是在血缘或情感意义上讲的。更确切地说，它更侧重是在生存论的关系层面上而言，指一个他者已经和当事者的自我靠近到如此的程度，以至他和当事者自我的生成形成了竞争的态势，对自我的爱（self-love）形成了考验。在这个意义上，邻人就是对此个人的自我构成某种"复制"或"重复"，因此冲击到此人的自爱，

---

① WL, p. 69.
② WL, p. 37.
③ WL, p. 72.
④ WL, p. 37.

而和此人形成生存论关系上的个体。

从邻人的这两重含义，我们可以看到邻人之爱的两个方面的特征。首先，邻人之爱体现并实现了个体之人之间的平等性。邻人之爱以个体人之间的平等为前提，并在这种爱中实现了这种平等。这里所谓平等就是消除了所有群体性或"圈子"的差别：

> 爱一个人的邻人因此是在爱中永恒地平等……平等正是指不造成差别，永恒的平等即绝对地不造成任何微小的差别。①

因此，邻人之爱体现出人从各种自然群体中出来，成为个体的人以后之间的相互关系。一个人成为"我"所爱的邻人，不是出于他与"我"的亲情或友情，不是出于他与其他人有任何的区别，甚至就他作为"我"的邻人同时意味着"我"也可能是他的邻人而言，他与"我"也是平等的。这个意义上的平等构成了邻人之爱的基本特征。当"我"与他还没有达到这种平等时，"我"与他的爱就还没有达到邻人之爱：

> 你的邻人不是一个社会地位比你高的人，如果他依然是一个社会地位比你高的人，他就还不是你的邻人，如果你因为他社会地位比你高而去爱他，你的爱会成为偏好之爱而进入自爱的范围；你的邻人亦不是一个社会地位比你低的人，就是说，如果他还依然是不如你的人，他就还不是你的邻人，你要是因为他不如你而去爱他，你的爱就很

---

① WL, p. 70.

容易转变成偏好性的恩惠。①

这里容易让人有疑问的是，这种永恒或绝对的平等真是有可能的吗？"我"真能够把他人摆在这样一种平等的邻人地位上吗？在祁克果看来，这是完全有可能的，前提乃在于每个个体的人都成为真正意义上的个体，或者说每个人都已在上帝面前成为自己。实际上，这种绝对的平等是同在上帝面前而言的："他是你的邻人是在与你同在上帝面前相平等的基础上，这种平等性绝对地为每个人所拥有，他绝对地拥有它。"②离开上帝这个维度，这种平等是不可能的。

这里对邻人之爱中邻人平等性的强调，并不是要使这种爱与具有差别性的偏好之爱完全对立起来，或者说并不是要个人不再去爱亲人和朋友。祁克果所提醒人们的是，在有差别的偏好之爱中，要提防自己不要陷入自爱而不自知；通常所谓的"爱人如己"（爱你的邻人如同爱你自己或你所偏爱的），正是表达出在人与人之间通常的偏好之爱以外，还需要有一个邻人之爱的维度："在爱你自己的同时，保留对你邻人的爱，在情爱与友爱的同时，保留一份对你邻人的爱。"③

其次，邻人之爱所关注的目标乃是他者的自我，或者是使他者成为真正个体的人。换句话说，个体的人此时所关注的已经不再是自己，乃是在关注对方，并且是在关注对方的自我或"个体性"：

> 爱是不寻求自己的益处。真正的爱人者（lover）不是

---

① WL, p. 72.
② WL, p. 72.
③ WL, p. 74.

爱他自己的个体性，他更愿意按照他人的个体性（individuality）去爱每一个人。而对于其他人，"那人自己的个体性"正是"他自己的"，这个意义上，爱人者所寻求的不是他自己，相反，乃是他所爱的那些人"他们自己的"个体性。①

这里，一旦个体人所关注的是对方自我的成长时，个人与他人关系就会遇到一个悖论。如果"我"对另一个人最大的帮助就是，这个人在"我"的帮助下，可以靠自己自立，即成为一个个体之人。那么，按照祁克果的描述，其中的悖论表现在：如果是在"我"的帮助下，这就不能算作是他靠自己自立；如果他真能够靠自己自立，那么他就不需要"我"的帮助。这里我们所遇到的问题正是我们在讨论"间接交流"问题时所遇到的，它关涉到双方各自的内向性。因此，解决的方式也一定是间接的方式。就两者关系的间接交往而言，如我们前面已经看到的，仍然可以区别出两种途径：宗教 A 的途径（苏格拉底的方法），以及宗教 B 的途径。这里，祁克果把这种区别表述为"帮助者"（助产法）与"爱人者"（邻人之爱）的区别。尽管他们可能都以他人为中心，都为达到对他人的最大益处，然而，在他们之间，仍然有很大的区别。

就帮助者的方式来说，如苏格拉底"助产法"所显示的，帮助者实际在直接与他人进行交往。在这种交往中交流的间接性体现在，对方像是自己自由地得出结论。这对帮助者提出的要求是，不管对方对这种帮助怎样无意识，帮助者所要作的恰恰就是要把自己有意摆在一个不被注意的地位：

---

① WL, pp. 251–252.

一个人对另一个人所能给予的最大帮助就是使他自由，帮助他独立。要使他自己能以这种方式看他自己，就好像这种自由已经完成。为此帮助者必须要以一种宽宏大量来遮掩住自己，愿意自己消失。①

以自己的"消失"来使得对方自由，这在祁克果看来，毕竟不是一种双方建立在平等基础上的稳定关系。人的"宽宏大量"是有限度的，靠着这种宽宏大量建立起来的关系，与邻人之爱所要达到的平等关系相距甚远。从邻人之爱的爱者的角度，个体的人与他人关系的间接性体现在，个体人是通过上帝与他人相交往，他人成为自己或得到自己的个体性，乃是他与上帝关系的结果，而非自己恩惠的结果：

如果爱者在这个方面已经成为上帝的合作者（co-laborer），那么，每件事都已经生成（has become），就像是按照本性的命定一样。②

这里我们看到邻人之爱所展现出的一种爱的三元关系：个体的人——上帝——个体的人。邻人之爱就是"这之间的关系：人-上帝-人，……上帝是中项。"③换句话说，个体人是通过上帝而形成与他人的间接交往关系的。这里所谓间接交流关系是相对于个人与个人之间的直接交往而言的。这种间接交往之间接性体现在：个体首先由于其各自与上帝的关系而有相互间的交往关系。

这种间接交往的关系在邻人之爱中得以实现。首先，按照

---

① WL, p. 257f.
② WL, p. 259.
③ WL, p. 112f.

祁克果的思想，个人要成为个体的人，即要具有自己本真的个体性，惟有其来到"上帝面前"才有可能，即这是完全出自于他与上帝间个人性的关系，而非任何他人所能给予：

> 如果一个人已经具有在上帝面前成为自己的勇气，那么，这个人就拥有了本真的个体性（authentic – individuality）。……在上帝面前成为自己——强调的重点在于"在上帝面前"，因为这是所有特殊的个体性的起点和源泉。①

因此，其次，个体的人所能给予他人的最大的帮助和爱，如果是为了让他成为自立的个体人的话，如果是为了让他有自己真实的个体性的话，就是帮助他能够来到"上帝面前"，能够建立起与上帝的个人性关系，这就是对他的爱："帮助另一个人去爱上帝，就是对这个人的爱，而被另一个人帮助来认识上帝，即是被人所爱。"② 这就是邻人之爱所体现出的个体人之间的间接交往关系。

第三节　新的群体关系

从上节的分析中，我们看到祁克果对人的社会性或人的相互关系确实有某种关怀。从生存论的层面上，他把这种关怀建立在个人已经成为个体的人的基础上，因此可以说，他在这个基础上对人与人之间的关系提出了新的标准和理想。正如他自己所解释的，他先强调了人成为个体的人的一面，再继之以其

---

① WL, p. 253.
② WL, p. 113.

相互关系的一面。在这个意义上，正像祁克果理解"个体的人"与"个人"之间有存在论上的区别一样，他对"众人（公众）"或人之间关系的理解，同样存在着积极和消极理解上的辩证区别。关于这一点，美国哲学家埃勒指出，在下面图示的每一个部分中，祁克果对相应范畴的把握，除了消极的维度外，都有一个积极的维度，两者形成一种辩证的关系：[①]

(＋)个体的人——(＋)邻人　　——(＋)会众（群体）

　　VS　　　　　　　VS　　　　　　VS

(－)个人　——(－)众人（公众）——(－)国家教会

这里祁克果表明，在个人成为个体的人的基础上，个体人之间可能形成一种新型的群体关系，我们暂且把这种群体关系名之会众（群体），它代表了祁克果对人的社会性的一种理想。它有明显的宗教含义，同时亦有存在论上的含义，而不同于在政治社会领域中所言的大众、公众：

> 至今为止，从宗教上讲还有"会众"（congregation）一词，这范畴处于那"个体的人"的另一面（两者不是冲突的），最重要的是，前者不能和下面这些政治上常说的概念相混同：公众、大众、群众等。[②]

可见这个范畴在祁克果的思想中占据着几乎和个体的人同样重要的地位。它是与个体的人相对应的范畴。如果说个体的人侧重的是具体个人的个体性这一面，那么，会众（或共同体）这个范畴则侧重的是个人的（祁克果所理解的）群体性的那

[①] Vernard Eller, *Kierkegaard and Radical Discipleship*, p. 209.
[②] PV, p. 10, n; p. 265.

一面。

这个范畴从基督教外的角度,亦可以表达为"共同体"(community,丹麦文 menighed),就词的构成来看,不管是那一种文字,这几种文字都包含着一个相同的词根:"共同"。就字面意思来说,这个词是指因为某种共同拥有的东西而聚集在一起的一群人。在社会政治领域,这种共同拥有的东西可以是指共同的观念、语言、文化、经济和政治利益等。在这个层面上,"共同体"这个词并没有体现出与通常群体的区别。在祁克果这里,在其"会众"这个范畴中,这种共同拥有的东西主要是指同样的信仰、或所信仰的同一位"神-人"(基督),经历的是与这同一位"神-人"的个人性关系。在这个意义上,为了和通常意义上的"共同体"这个词相区别,我们仍然暂且用"会众"来译祁克果的这个概念。试图用"会"来表达信仰者的聚集,在"会"中聚集的人们构成了"会众"。这里,这个范畴无疑有一定的宗教含义,不过,当我们同样用它来指称个体之人的聚集时,它同时具有存在论上的含义,就是说,它乃是指一群与同一绝对之悖谬(Paradox)形成了生存性关系的人。

在祁克果看来,在会众与大众或公众之间有着明显的区别。这一点祁克果不仅在自己对不同词所使用的语境中表现出来,同时也在自己的日记中给予了明确的区别。首先,所谓大众或公众的特点是:

> 在"公众"或大众中,个体的人什么都不是,他不存在;"人数"是其源起的机制和规则,一种含糊不定的源起。与"公众"分开的话,个体的人什么都不是,同样,

在公众中——从更深的方面理解——他也什么都没有得到。①

就是说，无论是在众人（公众）中还是在众人之外，只要是相对于众人而言，个体之人就什么也不是，或者说他就不存在(是)。相反，在会众中，情况则完全不同。在会众群体中，个体的人与这群体之间有一种完全不同的相互关系：

在会众群体中，个体的人存在；他辩证地成为一种前提，决定了会众群体的形成。因而在会众群体中，有自己个体性的个人是必要的，在任何情况下，他都可能会高于"会众群体"，就是说，一旦当"他者"离开了共有信念的话。②

个体之人与其群体的这种关系表明了会众关系的一个基本特征：不是会众关系决定了个体之人与上帝的关系，相反，从一种根本的意义上说，乃是每个个体之人与上帝的关系决定了会众之间的相互关系："不是个体之人与会众群体的关系决定了他与上帝的关系，而是他与上帝的关系决定了他与会众群体的关系。"③ 正是这个基本特征决定了会众与公众或大众之间的根本区别：

把会众——其中的每一个人都是个体的人——联结在一起的是那共有信念；而联结公众的纽带——或其松散性——则是：数量就是一切。会众群体中的每一个个人都

---

① Papirer, X2 A 390, Cf, Vernard Eller, *Kierkegaard and Radical Discipleship*, p. 346.
② Ibid.
③ WL, p. 357.

保证了该群体。而公众则是一个四不像的怪物。在会众群体中,每个个人都是一个小宇宙,它在质上再现了那大宇宙,以至可以真实地说,知道了一个就知道了全体。而在公众中,个体的人不存在,全体也不存在,不可能说知道一个就知道了全体,因为没有"一个人"在这里。[①]

因此,可以把会众的这个基本特征归结为这样一个关系顺序:个体的人——信念(上帝)——会众,这里信念(上帝)是联结各个体的人的中项。这个关系顺序在具体的处境中体现为:一个个体与上帝的关系越密切,或者说他的信念越坚定明确,他就因此会与会众群体中有同样坚定信念的其他个体有一种密切的关系。反之,如果一个个体已经不再有群体的这种共同信念,那么他也就会失去他与群体中其他个体的关系,而不再成为个这会众群体的一员。因此可以说,会众群体的这种群体关系并不是以淹没个体的个体性为代价的,相反它乃以个体的个体性为前提。这正是祁克果所渴望的一种群体关系。

但这种关系顺序是单向的吗?会众关系对个体之人与上帝的关系没有什么影响吗?会众群体对个体之人的信仰是否是一个必要因素?祁克果显然遇到这种问题的挑战,因为他思考过这样的问题。从他对这个问题的回答上,我们可以看出,个体的人与会众群体之间存在着更为辩证的相互关系。

在祁克果看来,个体的人在某种意义上确实依赖会众群体,换句话说,个体的人与上帝的关系需要会众关系的补充,后者在一定程度上因此影响到个体的人与上帝的关系。造成这

[①] Paperer, X2 A 390, Cf, Vernard Eller, *Kierkegaard and Radical Discipleship*, p. 346.

种情况有两个方面的原因。

首先,个体的人与上帝的关系,如果一直维持一种激情的状况,在祁克果看来,则是一种过于紧张的关系。这主要是由于人脆弱的承受能力:

> 在我看来,为上帝所知乃是生活的无限重负。只要身边有上帝,每一个 30 分钟都变的无限重要。没有人能够像这个样子坚持活上 60 个年头。①

会众之间的相互关系是对这种个体的人与上帝之间过于紧张的关系的一种缓解。缓解可以以多样的方式表现出来。主要表现为个体的人可以彼此交流自己对与上帝关系的经历。通过这种交流,会众群体可以一同分享某个个体与上帝的激情关系。

其次,当个体的人与上帝的关系出现偏差时,其他人可以借着相互的交流来给予帮助。在这种情况下,会众对于保持个体人的信仰的纯正,具有相当的重要性:

> 个体的人与上帝的关系仍然是目标与规范。但当某个个人与上帝的关系出现病态时,就要暂时地把群体或"会众"当作中项。②

在上述两种情况下,个体的人与会众的关系顺序变为:个体的人——会众——上帝(信念)。这种关系对于会众之为会众的本源性关系:个体的人——上帝(信念)——会众,形成了一种补充性关系。然而,相对本源性关系而言,这种关系只是一

---

① P. P. 罗德选编,晏可佳等译:《克尔凯戈尔日记选》,第 10–11 页。
② Papirer IX A 315–16, Cf, Vernard Eller, *Kierkegaard and Radical Discipleship*, p. 351.

种补充性的关系，用祁克果自己的话来说，是出于对人的让步：

> 这里，正是在这一点上，可能显明出宗教群体的意义，就是说，当上帝的意念对个体的人变得十分强烈时，他要有其他人能够与之交流。因此，我们可以看到，群体不是最高意义上的，而是考虑到人的软弱所给人的让步。[1]

这种性质规定了会众群体作为中项的意义，也因此限定了这种关系所占据的地位。它与上帝（信念）作为中项的本源性关系之间，如果说有一种辩证性联系的话，主要体现在这样一种平衡：支持个体之人去修复自己与上帝的关系，而不是妨碍个体的人与上帝的个人性关系；提供生息，却不鼓励停留在这里；提供协助，却不强行替代本源的关系。

总之，上面的分析显明，尽管祁克果已经认识到，会众群体对于个体的人的生存确是一个真实和有意义的条件，因此，表现出上述个体的人与会众群体之间存在着辩证关系，但祁克果在会众群体这个范畴中给我们展现出的他所向往的人与人之间的理想关系，则是一个以个体之人的个体性为前提的群体关系，一个以共同信仰（信念）为中项的相互关系，一个不是要淹没而是要休养生息每个个体的个体性的那种群体关系。如果这种会众间的关系就是祁克果所向往的人的社会关系的话，这种具有宗教和伦理色彩的会众群体无疑是一种十分理想化的目标。

---

[1] Vernard Eller, *Kierkegaard and Radical Discipleship*, p. 348.

结　语

对祁克果个体的人思想的评论

在上面几章中,我们以祁克果个体的人的范畴为主导线索,考察了他的基督教生存论思想。我们看到,个体人的思想目标确实是其基督教生存论的一条主线。尽管这个线索的背景是基督教的思想背景,离开了这个思想背景几乎不能把握他的生存论思想,然而,他的复调叙述方法仍然使他的宗教思想透过生存论(存在论)的维度向我们表明出来。当我们带着西方哲学史上的"个体问题"的眼光去审视他的个体的人的思想时,他的思想确实给我们带来了诸多的启示。在这章结语中,我们首先对他的个体人的思想作一个总体和概要的评述,指出这种思想中的要点和可能存在着的问题。然后我们会从自我和信仰论的角度来评论他个体人的思想。最后,本章会用多一点的篇幅,从一般"个体问题"的角度来看祁克果个体人思想的意义。

第一节　个体的人思想评述

祁克果思想的基本背景是要在自启蒙以来的人文思想氛围中重新思索基督教对于人的意义。这种思想背景为他的宗教思想提供了一种个人生存的进路，使得他的思想一反当时占统治地位的思辨哲学的倾向，从一开始，他思想的出发点就是个体性和生存性的。

从这个基点，祁克果在哲学探索中批评的主要对象就是黑格尔的思辨哲学。他对思辨哲学的主导方法——客观反思方法的批评，至今仍有十分积极的意义。他批评的核心可以概括为：思辨哲学的反思方法使主体思想者的生存中断，使之成为"旁观者"或"事后者"。这里，祁克果实际提出的问题是：在人文领域，当涉及到人生存的终极价值、意义和目标的问题时，这种反思方法是否是合理和有效的方法？从这个问题追寻下去的话，我们会发现，其中包含了现代人们关心的许多问题，诸如科学方法与人文方法的关系，对象化的概念方法与非概念方法的关系等。不过，祁克果所关注到的乃是这样一点：他在思辨哲学的反思方法背后，看到了一个隐藏着的"众人"。这是一种无人称性的"旁观者"，或具有伪人称的"我们"。在祁克果看来，这个明显具有虚幻性的"大众"，却被受思辨哲学统治的人们认为是更为实在性的，这无疑是他那个时代的一个"幻象"。从"个体问题"的角度来提问就是：是这个隐藏在"众人"或"我们"之背后的思辨学说、理性观念或"公众意见"更具实在性，还是具体生存中的个体的人更具实在性？

在祁克果个体的人范畴中，包括着"个体问题"的两个层面。在导言中，我们看到这两个层面分别是个体的地位和个体化的方式。当我们从这个角度看个体人的范畴时，它正包含了这两个层面。首先，祁克果主要从内向性的角度规定个体的人，这明确肯定了其"内向"维度的实在性。如果说受启蒙思想的影响，在祁克果的思想中，实在是人或主体的话，那么什么是人?"人是精神。但什么是精神?精神是自我。但什么是自我?自我是一种自身与自身发生的关联关系。"[①] 在这个意义上,个体的人在形而上层面上的实在性体现在:个人开始有一种对自己的关切。这种与自己的关系(关系的关系)构成了个体的人的实在性。其次,这种关切关系的特点主要是一种激情,而并非首要地是理智。这种激情随着强度的增加,依次表现为志趣、意愿、决断直到信仰的层面,这构成了个体的人主体性的主要层面。然而,这里祁克果思想的要点是,这种激情性的关切关系是非现成性的,要在一种"据有"过程中展现出来。这就是成为个体之人的"个体化"过程。这种"个体化"过程可以有两条不同的途径:伦理-宗教 A 的途径,以及宗教 B 的信仰途径。

在祁克果的思想中,伦理-宗教 A 的途径严格说并不能使个人完全成为个体的人,它只是个人达到个体的人的一个阶段,即达到宗教 B 前所要经过的阶段。这个阶段中"个体化"过程的特征集中体现在《附言》中克里马库斯所给出的关于真理的定义中(见第四章)。

个人成为个体的人,在祁克果看来,更主要地相关于宗教 B 的阶段或途径,即与基督教信仰的关系。如果从生存论的角度,把信仰首要地看作是一种生存现象、状态或过程,那么,笼统地说,这个过程正是个人成为个体之人的"个体化"过程。

正是在这里,祁克果作出了一种十分有意义的探索:试图从生存论的角度来探索信仰现象,这种探索之所以有意义,乃

[①] SUD, p. 13.

在于它的上述出发点,即不首要地将信仰看作是一套信念或学说体系(what),而是首要地将其看作是个体之人的生存过程(how)。不过,值得注意的是,祁克果并没有像后来的一些生存神学家(如蒂利希)那样,用出于希腊传统的生存论思想来试图同化基督教的传统思想信仰。祁克果占据某种核心地位的"悖谬"(Paradox)范畴,保证了西方这两大思想传统能够相互结合的某种"底线"。具体地说,祁克果在宗教 B 中想要强调的一个核心思想在于:个体的人那具有实在性的自我关联的形成,乃和一个更高实在相关,即和个体人与"绝对悖谬"的个人性关系相关,离开这种个人性关系或者这个"神-人"参照系,个体的人不成其为个体的人。当然,在祁克果的思想中,这种关系是一种生存性的关系,就是说它是动态的、无止境的和生成性的。当这种关系停止之时,也就是个体不再成为个体人之时。在这个意义上,个体的人总是处于生成(becoming)之中。

我们在导言中已经看到,就生存论的视域突破了近代认识论的视域而言,这种生存论的进路无疑为"个体问题"展现出新的视域,尤其是祁克果思想中这种生成的、非对象性的特点,也确实影响到 20 世纪的哲学与神学。不过,这种以个体的人为主线的基督教生存论也存在着相应的问题。由于诸多因素的影响,诸如祁克果自己不同时期的思想背景、其复调叙述结构,以及当时论战的需要等,造成在他的思想中,就通常所说的基督教信仰、哲学存在论以及他对社会的批评,并不存在着今天我们所理解的界线。这几个层面的内容都综合在他的思想中。这种情况使得他的宗教思想不仅在这几个领域中容易造成误解,也确实在这些领域中会引起一些问题。在神学领域中，他的这种个体的人及其不断生成的思想，难免引来人们对他可能表现出的阿米尼安主义（Arminianism）倾向的批评。[①]在哲学存在论领域，由于他所表现出的宗教目标，及相应地赋予个体宗教方面的含义，并从这种意义上的个体人的立场对当今社会和时代进行批评，使得个体的人在存在论层面上的含义十分模糊和难以把握。尽管他本人一再强调个体的人这个范畴一定不能从社会或政治的含义去理解，它只具有宗教（存在论上）的含义，然而在他对社会和时代的批评中，人们却难以把握其中几个层面上的区别。最后，在社会批评领域，一方面我们确实看到他对当今社会和时代的关注。当他把对社会的批评与其个体的人的思想关联起来的时候，他对这个时代的批评也确实在许多方面切中要害；然而另一方面，从这种主要具有宗教含义的个体之人的生存出发，又使得他对社会的批评，以及对真正人与人之间关系的向往，不能不带着明显的理想化的倾向。这种理想化的倾向具体地体现在其社会目标具有明显宗教性和伦理性。

第二节 从自我论层面看个体的人

祁克果在对现时代的批评中，他实际认为现代人的自我认同是处于一种迷失状态。即每个人都把自己等同于"我们"、"众人"或"这个时代"等等，以"我们"或"人们"的身份说话，而不是以自己的身份说话。他把这种认同的迷失和他那

[①] Timothy P. Jackson, "Arminian edification: Kierkegaard on grace and free will," *The Cambridge Companion to Kierkegaard*, ed. by Alastair Hammay and G. D. Marino, Cambridge Univ. Press, 1998.

个时代占统治地位的黑格尔的思辨哲学关联起来，尤其是与其客观化的反思方法关联起来。我们可以从这种"客观化"的反思方法来探索造成现代人自我认同之迷失的根源。

这种客观反思的方法是近代以来在哲学思想领域发生的一次影响深远的转向，它通常被称之为"认识论转向"。可以说笛卡儿是这个转向的主要奠基者。限于本文篇幅，我们这里只是简要地指出，在笛卡儿所带来的这个转向中，与这一节有关的两个关节点。

首先，世界及我们自己被客观化地看待和描述了。这里所谓客观化的看待即将"我"自己看作是一个外在的、非介入的观察者，按照世界与"我"的身体状态之间的因果关联，以第一性质的方式来描述这个世界及"我"的身体。从这个视角被客观化的世界是一个"去魅化的"的世界，它已经被中性化了。它不再被当作一种价值秩序的体现，而被看作是有一定功能的"机器"。这反映了这种客观化视角的一个重要特点，即世界被当作了一个潜在的工具控制的领域："获得对作为机器的世界的洞察，与把它看作潜在的工具控制的领域是不可分的。"[①]

其次，理性在这个过程中已经被赋予了新的意义。在一定意义上可以说，所描述的这个世界的秩序不再是理性发现出来的，而是成为人的理性构造出来的东西。"笛卡儿的选择是把理性，或思想能力看作我们必须构建秩序的能力，而这些秩序

[①] Charles Taylor, *Sources of The Self*, Cambridge University Press, 1989, p. 149. 中译本见韩震等译，《自我的根源》，译林出版社，2001年，222页（以下只引中文译本页码）。

要满足知识、理解力或确定性所要求的标准。"[①] 这里,理性被看作为是主体内在的一种能力,并且理性自己为自己提供了自明性的标准。正是这种自明性的标准和构建秩序的能力,使理性成为自立的,同时也是普遍和抽象的。

洛克把笛卡儿的这种转向进一步深化在其对自我的理解上,从而大大地影响了现代人对自我的理解。我们可以说,洛克按照笛卡儿的这个视角把人的心灵进一步客观化了。人的心灵过程被主要地归结为认识过程,并且这个认识过程被看作是由简单观念经过某种准机械的联想过程组合成复杂观念的过程。对人心灵的这样一种客观化描述带来了十分深远的后果,其中最重要的一个后果就是:人自己被从中抽离出来;并且获得了控制它的力量。所描述的已经不再是"我的"心灵或"我"经验事物的方式,"我"已经从这种对象中抽身出来。在对这个客观对象进行描述的过程中,人已经不自觉地将"我"认同为正在进行这种描述和分析的那种理性,或者是这个正在按照某种自明标准进行构建的这个力量,而不完全是这个被客观化的对象。我们把认同于前者的方式称为激进的分离态度。这时人所认同的这种力量不具体地在任何地方,因为它无广延,但却是人所认同的真正的自我。查尔斯·泰勒(Charles Taylor)因此将这种自我称为点状自我(punctual self):"能够持这种激进的分离态度,以一种重构的观点对待他(或她)自己的主体,就是我所称的'点状'自我。持这种态度就是把自己认同为客观化和重构的力量,依靠这种行动使自己远离作为

[①] Charles Taylor,《自我的根源》,页 218。

潜在变化对象的特殊面貌。"[1] 从这里我们已经能够明显地看到，人（理性）对事物（包括人自己）进行客观化的过程，同时也就是人将自我认同于那个抽象的理性的过程。在这个过程中，具体的人实际丧失了与自己的关系，剩下的只是理性与对象的关系，或者是理性与理性的关系。

在黑格尔的思想体系中，这种关系被进一步辩证化了。具体人与自己的关系变成了纯思想与其自身的关系。一种绝对的精神，而非具体的人，成为自立的实体。这种抽象的精神处在自身的演进过程中，其中它既是主体又是自己的认识对象。在这种精神的运动过程中，精神与其自身的关系仍然是一种认识关系，因此在黑格尔看来，概念的、对象性的反思是这个过程的重要环节。尽管也试图用一个辩证的演进过程来克服其间对象化关系带来的问题，但它依然是以概念的方式进行着，因此精神或纯粹理念和它自身的关系依然维持了对象化的认识关系。

我们从前面的探讨中看到，在祁克果对黑格尔思辨哲学的批评中，他的确不是一般地反对反思方法，他所批评的乃是人们对它的误用，即当人们把反思本身作为生存的目标时，造成个人将自己的思想与行动相混淆，或者说个人将自己混同于一种纯思想。正是这种混淆造成了现代人在自我认同上的障碍。而这种自我认同上的障碍或迷失，最终必然会在人们的道德上表现出来。因此在他看来，反思对一个生存者在生活中能够有负责任的和清醒的行为来说，只是一个必要条件，而非人们误以为的那种充分条件。当思辨思想家忽视了这其中的区别，以

---

[1] Charles Taylor，《自我的根源》，页257。

"纯思想"代替自己实际的生存,将自己认同为抽象的思想或理性,或者抽象的"我们"时,它对祁克果所关心的个人的道德－宗教生活就可能是有害或危险的。

从自我论的角度来看祁克果个体人的思想,这个思想的核心主要表现在:个人要将其对"我们"或"众人"的认同转向对一个真实的、具体于生存中的自己的认同。在祁克果对自我的定义中,他所强调的是其与个人自身的关联,即"关系的关系"。从祁克果对自我的这种规定中,我们看到的一个最重要的特点就是:个人与"自己"的关联不是一种(自我)认识关系,而是一种生存关系。

首先,如果人们是在近代客观反思的意义上把人与自我的关系看作是认识关系,那么自我的认同只有两种可能:或者将自己认同于抽象的理性力量(即所谓"点状自我"),或者就是把自我认同于那些对象化的、可以被把握的因素。在笛卡儿之后那种客观反思方法的影响下,个人就是不站在那种极端分离的立场上,但个人在现实的生存中,还是习惯从那些更易把握的"客观"现成的因素来认同自己,以求来认识和把握自己。正如祁克果在《致死的疾病》中所描述的,人们会首要地(从生存论上说)从这样几个方面来认同一个人之"我是":以个人在那形式(游戏)化的人际关系中已经得到的"角色"或"地位";以有形的事物反映出的工作"成果";以某方面已经为众人所承认的"能力";这些因素是更加固定和可见的因素。它们能够以更为明确的方式成为个人存在(所是)的证明。但从更为终极的意义上来看,如果个人是从这些基本上都是需要他人承认的"成果"、"能力"和"角色"来认同自己之所是,那么,个人存在(之所是)的终极意义似乎就建立在他人的基础上了。这样，我们就又回到了祁克果所说的这个"众人"。因此，无论人们认同于两种可能中的哪一个，其结果都是一样的。

其次，祁克果所说的个人与自己形成的自我关联是一种生存上的关系，它侧重的是道德或宗教层面的含义。换句话说，个人在其生存中，正是在其所遇到的挑战中，尤其是遇到不能用日常方法，用那些理性已经习惯的"惯常说法"来解决，因而使得个人自己基本之"所是"的问题被置于眼前时，个人才有了遭遇自己的必要条件。正如我们在前面看到的，这个"自己"能够作为一个"整体"呈现，首先是在道德决断之中进入到个人的视域。在生存中的"这种解决"（而不是另一种解决）构成了现实的"我"之为"我"。这反映出祁克果生存论的视角。

因此，自我认同的问题首先不是一个认识问题，还不如说是一个道德或宗教上的问题。自我不等于自我意识，个人与自我的关系不是一种对象化的认识关系。按照泰勒的说法，自我认同乃是在伦理空间中问题意识的结果。自我认同的问题首要地是一个意义问题："知道你是谁，就是在道德空间中有方向感；在道德空间中出现的问题是，什么是好的或坏的，什么值得做和什么不值得做，什么对你是有意义的和重要的，以及什么是浅薄的和次要的。"[①] 离开这种道德空间，我们就无法谈到具体个人的自我认同。

泰勒还具体地比较了在这种道德空间中个人与自我的关系

---

① Charles Taylor,《自我的根源》，页38。

不同于传统上对象性认识关系的几个重要区别。[①] 首先，个人的自我并不是有机体意义上的客体。它乃是当事者进入到某种问题空间，尤其是为了寻找意义的方向感时，所得到的结果。其次，自我并非是独立于主体解释的对象，实际它乃是部分地由其自我解释所构成。再次，如果说传统的对象可以用概念加以明确地描述或把握的话，那么这里自我可以说是部分地由一种语言构成，但这种语言已经不能够清晰地把握它。最后，自我也并不是与环境无关的那种自立对象，它乃是在"对话网络"中形成或存在着的。

总之，如果我们在生存的角度，把自我理解成是个人与其"自己"这个整体的关系，那么，这种关系就一定不是传统认识论上的关系。然而，我们在这里就遇到现代人自我认同中最为核心的一个困境。一方面，个人对真实自我的认同要破除这种客观对象性方法给人带来的阻碍；但另一方面，当祁克果说个人只是在其道德或意义的挑战中有可能遇到"自己"时，其实这也就意味着个人只能在其所遭遇的不安和绝望中遇到"自己"。而这恰是现代人所不愿意遇到的。因为现代人已经习惯于通过"客观化"的方式去把握和控制对象，使对象成为潜在的工具，以此来确认自己作为人或者理性的至上者的或者中心者的位置。但这种已经为现代人习惯的控制方式，现在在个人的自我认同上遇到了危机。这种危机在个体自我认同时所经历到的不安和绝望中充分地表现出来。从祁克果的个体生存论上看，只有经过这种不安与绝望，并且从中走出来，个体才会真正地自我认同。

[①] Chatles Taylor，《自我的根源》，页 46-51。

第三节 从信仰论层面看个体的人

　　个体在自我认同中所经历到的不安和绝望表明：个体与自己的关系是非现成性的。而祁克果这个思想所表达的一个深层意义是：个人在遭遇到绝对"悖谬"时，个人才有可能以最深的方式遭遇到"自己"，才有可能从这种不安与绝望中建立与"自己"的关系（就像海德格尔将此在置于"死亡"面前一样）。人如果不是与绝对"悖谬"形成一种个人性关系，那么个人就总难免会落入到这种认识性的或对象性的关系中。因此，个体的人的问题最终要进入到信仰论的层面。在上一章中，我们从个体的人与绝对悖谬所形成的个人性生存关系入手，力求在存在论层面上，对个体的人与信仰的关系作一个勾画。下面，我们就从哲学史的角度，围绕着"个体问题"，来讨论一下祁克果对两者关系的论述。

　　祁克果对信仰的看法，基本上回应了基督教思想中奥古斯丁所开创的传统，即把信仰与人的意志相关联的路线，而反对把信仰与知识关联进来的另一条路线。可以说自柏拉图一直到黑格尔，在祁克果看来，在西方思想中一直有一种从知识的角度去理解信仰的倾向。从我们涉及问题的角度做一个简单概括的话，这种对信仰加以知识或信念化的倾向大致表现出两个方面的含义。

　　首先，把信仰当作一种不成熟的认识方式或知识层次。在柏拉图的《理想国》里，意见或信念属于可见世界，它的特点是：（1）与可见世界的对象有直接关联；（2）缺少知识所当有的确定性和明确性。因此，和可知世界的认识相比，它处于一种不完善的层次。显然，这种意义上的信念与人们想要摆脱或战胜的罪恶没有直接关系。正如柏拉图所描述的，苏格拉底坚持美德即知识，那么罪恶就是出于无知。胜过罪恶而追求善的惟一途径就是知识的途径。恶与知识相对立，而非与信仰。奥古斯丁曾批评了柏拉图的这种思想，指出罪恶之源不是无知，"乃是意志的滥用。"[①] 这种观点反映了基督教信仰的正统观点。祁克果在《致死的疾病》一书中，同样坚持了这种观点："按照基督教的解释，罪的根子在意愿之中，而非认知之中，并且，这种意愿的堕落影响到个人的意识。"[②] 如果罪恶的根源在于意愿，那么，对善的追求就不再只是知识的问题，更多的是一个意愿的问题。从这个意义上讲，不是知识解决意愿的问题，而是意愿决定了人的认识。

其次，信仰尽管被看作是一种不证自明的、被人普遍接受的前提，但对它进行体系性的分析之前，它乃被认为是空洞和模糊的。这种观点在黑格尔那里表现得比较明显："信仰已经具有真实的内容，但仍然缺乏思想的形式。"[③] 在祁克果看来，就信仰的明确需要依赖于某种思想的体系而言，黑格尔实际上仍然把基督教信仰置于思辨哲学之下。对信仰给予关注的意义似乎只不过是用一个知识体系将其表明出来："思辨体系把信仰设定为给定的，并且，它假定信仰会以不同于信仰之激情的那种方式去关注对自己的理解。"[④] 对信仰的关注被转向了，信仰的问题转化为一个知识问题。

---

① Augustine, *Confessions*, pp. 7, 16.
② SUD, p. 95.
③ Hegel, *Philosophy of Religion*, London: Kegan Paul, 1895, III: p. 317.
④ CUD, p. 14.

结　语　对祁克果个体的人思想的评论

在西方哲学思想发展中所反映出来的这两种倾向具有一个共同特点：把信仰简化为信念，把对信仰的关注转化为对知识的关注。信仰问题首要意味着信仰"什么"（what）。对"什么"的认识、明确和论述成为人信仰的前提。对信仰的这种知识化理解方式，很难将其与个体的生存联系起来。在祁克果的思想中，他颠倒了这两者的相互关系：不是知识为信仰的前提，相反，信仰乃是人获得知识的前提。在《哲学片断》里，关于"真理是可学的吗？"这个问题，克里马库斯所设想的另一种可能的思想方案中，门徒既不具有"真理"，同时也不具有获得真理的"条件"，这个"条件"是被给予的。它意味着从个人自己所造成的束缚中解脱出来。[①] 我们知道，这其实就是从生存论角度对信仰的一种说法。因此，从生存论的角度来说，信仰成为人占有（据有）真理的必要条件。

从这个角度来看，祁克果把信仰更多地看成是人生存的状态或行为（how），而不是对它的知识性规定（what）。突出的是信仰这个词语所表现出的动词性特征，而不是名词性特征。对基督教信仰的描述，如果是以"什么"为出发点，那么它就表现为一种教义的体系；而以其在个体人的生存中所达到的"如何"，它与个体人的关系才能被真实地显明出来。这就是克里马库斯所说："基督教不是一种教义体系，而是一种生存交往"的主要含义。

然而，祁克果对信仰中"如何"这个主体性层面的强调，也给人们带来了一些误解。如果没有任何前提地只是从个体的主体性出发去规定信仰，很容易被归之为是一种具有"主观主

---

① PF, p. 19.

义"色彩的宗教或神学思想。在神学上这表现为一种使救赎论先于基督论的倾向（soteriology precede christology），如在施莱尔马赫或蒂利希的某些思想中所表现出来的那样。但在祁克果的思想中，具有生存论实在性的绝对悖谬一直是个体主体性的前提，主体性的呈现乃是被定型在与它的个人性关系中。这是祁克果与宗教 A 或任何"主观主义"神学相区别的根本原因。同样也正是这样的前提，使得人们想要在理智上把绝对悖谬规定为"什么"从根本上成为不可能。它的真实含义（what）只能通过人的生存性回应（how）将其显明出来。

  以这种生存论方式理解的信仰把信仰和个体的人的生存紧密联系在一起。虽然和神学的角度相比，这种生存论的进路更侧重强调了基督教信仰中人的这个方面，但是，信仰和个人真实存在的关系被提了出来。按照祁克果整体的思想倾向，当达到宗教 B 的阶段，信仰的过程才是个体真实自我生成的过程，用我们本文的术语，这也就是个人成为真实的个体之人的过程。在这个意义上，可以笼统地把这个信仰的状态或过程看作是"个体化"的过程。这个"化"作为一种变化，按照克里马库斯的划分，是属于生成的变化（becoming），它的意义即个人以个体的人进入实际的生存（coming-into-existence）。

  在《哲学片断》中，克里马库斯把亚里士多德论变化的四种含义分成了两类。[①] 第一类为生成的变化，指亚氏所言的广义的变化：生成和灭亡；第二类为自然的变化，乃指亚氏所说狭义的变化：性质的、数量的、位置的变化。这后一类变化都是指对某种现成属性的改变，并且这种变化按照某种必然性的

---

① PF, p. 90f；中译本参见《哲学片断》第 222 页注释。

规则而有其原因。这样一种描述让我们联想起康德对现象界的描述。个体的生存不属于这种自然的变化。而是属于第一类生成的变化。祁克果对信仰与个体的人生存关系的描述,为我们理解这种"生成"变化提供了一种进路。从上面描述的过程来看,这种个体人的生成过程有如下两个方面的特点。

首先,这种生成的过程表明个体的人不是现成的存在者,而且也不会成为现成的存在者。个体的人乃是个人在自身生存中所展现出来的内向性或主体性,从所描述的信仰过程来看,如果仍然用可能与现实这种生存论的表达,那么这种主体性经历了从对自身不可能的绝望,到抓住悖谬之可能这种快乐之激情的过程。我们只能在这个生存过程中所呈现出的主体性这个意义上去理解个体的人。这个过程是动态的或非完成的,与绝对悖谬相关而拉伸开的主体性摆动在冒犯和信仰这两种状况之间。当个体的人达到激情张力最大的信仰状态时,绝对的悖谬不再荒谬而为理智所接受;但当个人主体性的激情由于某种原因而懈怠时,绝对悖谬又马上对他表现为荒谬。他就很可能成为"局外"之个人而失去自身的主体性。在这个意义上,个体似乎始终处在一种"生成"的过程中,我们只能从这个过程去理解个体的人的含义。

其次,个体的人作为一种主体性,其生成与他和一个"拯救者"(即绝对悖谬所表达的基督)的"个人性"关系相关。这种"个人性"关系有时我们将其表达为一种"位格性"或"局内者"关系。在一定意义上,个体的人之作为主体性正是通过这种关系展现出来。相对绝对的悖谬而言,"局内"与"局外"的区别在于,对处于"局外"的人,绝对悖谬对他表现为无意义的矛盾,而这一点正表明:他尚未形成与自己的关系。只是对与其处于"局内"关系的人,绝对悖谬才显示出其丰富的、引人注意并占据人心思的意义,个体的人对它所表现出的激情的快乐,实际也正显示出个体主体性中激情与理智的和解。对于祁克果来说,这种"个人性"关系的重要意义在于,惟有依靠与悖谬所形成的这种关系,个体的人才有可能跃过自身的断裂,达到这种他原本不可能达到的和解:即通过与绝对悖谬达到的和解,而"生成"自身统一的主体性。这种在与绝对悖谬形成的新的和解关系下所显露出的与过去有质的不同的主体性,就是所生成的个体的人的主要含义。

第四节 西方哲学史中的"个体问题"

在西方哲学史上,"个体问题"始终是其思想传统中的一个主要问题。尽管当代美国哲学家戈雷西亚(Jorge J. E. Gracia)把一般的"个体问题"概括为六个方面的内容,[①] 但我们发现要在每种历史思想的语境之外去概括"个体问题"的内涵,似乎多少会损伤到对其内涵之丰富性的理解。这里我们只能借着一个历史的描述来展现它丰富的内涵。本节主要限在从形而上的层面(存在论或存在论层面)来描述"个体问题",因而我们只能就这个层面把"个体问题"粗略地概括为两个方面的内容。首先,"个体问题"涉及到"个体(性)"的地位。"个体(性)"是否只是偶性、现象、或存在者状态上表现出来

---

① Jorge J. E. Gracia, *Individuality——An Essay on the Foundations of Metaphysics*, State Univ. of New York Press, 1988. 六个方面的问题分别是:个体性的内涵、个体性的外延、个体性的存在论地位、个体化原则、对个体的分辨以及对个体的指称。

的个别性,还是在存在论或存在论上有其依据?其次,"个体问题"涉及到"个体化"的方式。如果"个体性"是指一种形而上层面的差别,那么,本质如何成为特殊本质(存在论),或个人如何在生存中成为真实的"自己"(生存论)?在这一节里,我们通过对西方哲学史的追溯,试图讨论一下一般意义上的"个体问题"在西方哲学思想中所占的位置,以及它所具有的意义。其实无论是在古代存在论的发展中,还是近代以来的认识论转向中,尤其是从古希腊的哲学家直到中世纪后期的经院哲学家,个体的问题一直是缠绕在他们思想中的一个重要问题。在不同的时期,个体问题总会以各种的方式表现出来。

首先,在古希腊哲学思想中,个体问题以个别和普遍的矛盾冲突方式表现出来,并比较突出地反映在柏拉图与亚里士多德的思想体系中。就柏拉图的相论来说,其明显的两个特征就是"分离学说"和"普遍型相论",并且这两者之间有着紧密的关系。按照"分离学说",世界被区别为可见世界和可知世界。[1] 前者与感官的结果相对应,主要包括了影像和个别具体的实物。后者则相对思想的对象而言,属于那些抽象、绝对和不变的型相世界。可以粗略地说,可见世界中个别的事物并不是实在的,作为感官的表象,这些具体的个别物完全可能是虚幻的,在这个意义上,可以说它们并不真正存在。它们只是借着"分有"和"模仿"那些决定其类别之普遍特征的型相得到自己的实在性。反之,对柏拉图来说,只有那绝对不变的型相世界才是真实的实在。而这些实在的型相的特点即类的普遍

---

[1] Plato, *Republic*, 508E – 510A, *Great Dialogues of Plato*, tr. by W. H. D. Rouse, New American Library, Inc., New York, 1956.

性。当然，我们可以理解柏拉图建立相论，"其目的倒是想确立一种伦理知识的对象"，① 并非以解释自然为目的。但这样的结论显然还是与人们日常的观点及对自然的认识相冲突。因而在哲学思想域提出了如何"拯救现象界"的任务。

亚里士多德非常明显地看到了"分离学说"所存在的问题。可以说他的"全部精力都用在了消除在现实概念中的这种分离"②。正是在这样的思想背景下，亚里士多德建立了自己的实体论。因此，一定意义上说，亚氏实体论的主要问题就是为了理解个别事物的存在，理解个别事物之所以是其所是的根本原因。并且，亚氏实体论之所以被视作是古代希腊哲学思想的重要突破，乃在于亚里士多德将此问题上升到了古代存在论的层次。

笼统地说，亚里士多德在一定程度上承认个别事物的实在性，并将其分析为该事物的属性和作属性之基底的实体。从逻辑上讲，实体乃是指在判断中只能充当主词的词所指称的。满足这一条件的词只有个别事物之专名。所以，第一实体就是指"个别的人"、"个别的马"③。"对第一实体来说，它所表明的是一'这个'，更是无可争辩的真理"④。作为第一实体，在存在论的层面上，"这个"是该个别事物之所以为该个别事物的依据，它是实在的。相反，共相却不是！"不能把任何普遍称

---

① 文德尔班著，罗达仁译：《哲学史教程》上卷，商务印书馆1996年，第161页。
② 同上书，第182页。
③ Aristotle, *Categories*, 2a14, *The Basic Works of Aristotle*, ed. by Richard Mckeon, Random House, New York, 1941.
④ Aristotle, *Categories*, 3b10.

为实体"①。

如果亚氏所说的实体是个体，那么，我们除了将其规定为"这个"之外，在存在论还能对其有怎样的刻画呢？亚氏对实体的存在论分析表明，对个别的实体在这个层面上进行描述是多么易于陷入困境。在存在论层面上，亚氏把实体分析为形式和质料，并且强调了形式相对于质料以及由两者构成的个别物在存在论上的优先性。②尽管亚氏一再试图把形式与普遍相区别，但由于形式的基本含义是出自构成定义的原理（句式，Formula），因而它还是与具有普遍性品格的"本质"有某种关联。在这个意义上说，这种具有"本质"意义的形式，由于其在存在论上的优先性，决定了个别事物之为该个别事物。

究竟是"形式"还是"这个"决定了个别事物之为个别事物？为了调和这种冲突，亚氏把个别事物之成为该个别事物看作是从潜在到现实的一个自我实现过程。在这个过程中，作为潜能，相对具有某种普遍性和在先性的形式及质料最终自我实现为现实存在的个别事物。仔细地考察这个实现过程，究竟形式和质料如何转变为该个别事物的"个体性"，无疑具有颇多的模糊性。总体上说，亚氏还是偏向了寓于个别事物中的"本质"更具实在性的立场。这一点文德尔班作出了这样的概括："存在就完全具有本质的品格，本质是构成个别形式的惟一根源，然而只有在个别形式本身中本质才是现实、真实的"。③

在亚氏实体论的背景下，个别事物之"个别"已不完全是

---

① Aristotle, *Metaphysics*, 1038b8, tr. by W. D. Ross, Oxford, Clarendon, 1924.
② Ariatotle, *Metaphysics*, 1029a7.
③ 文德尔班：《哲学史教程》上卷，第189页。

现象上的区别,而是在存在论上有其"个体性"的依据。"这个"表明所言之"个体性"具有与自己同一的含义。这时,所谓"个体问题"具体表现为这样的困难:本质如何在具体事物中实现为"个别本质"或"特殊本质"①,并且我们如何对这种存在论层面上的"个体性"有所言述?

在中世纪,神哲学思想领域中发生的一场主要争论就是实在论与唯名论的争论。争论的核心是关于共相的实在性问题。这可以说是个"共相难题"(Problem of Universal),但从另一个角度看,这同时也是一个"殊相(个体)问题"。如果说柏拉图的相论可以看作是一种极端的实在论,那么中世纪中期以后,多数实在论者所坚持的则是一种温和的实在论。这种实在论基本上继承了亚里士多德的传统,既肯定个别事物的现实存在,同时也肯定了寓于其中的普遍本质以某种个体化的方式与之一同存在,并且这种本质在存在论意义上具有优先的地位。这样,摆在实在论者面前的"共相难题"实际主要地表现为:如何使具有普遍性品格的本质个体化到能够现实存在的具体事物中去,使之成为该个别事物的根源或者原因。这个问题在中世纪被称之为"个体化原则"(principle of individuation,"原则"当时亦有原因之意)问题。②

托马斯·阿奎那比较典型地继承了亚里士多德的思想体系。在阿奎那的整个思想中,他作出的一个重要区别就是存在与存在者的区别。③ 他强调存在或"是"的首要意义是其作为动词

---

① 赵敦华:《西方哲学通史》第一卷,北京大学出版社,1996,第122页。
② Ed. Jorge J. E. Gracia, *Individuation In Scholasticism——The Later Middle Ages and the Counter - Reformation*, p. 2.
③ 赵敦华:《基督教哲学1500年》,北京:人民出版社1994年版,第381页。

的含义，在"使动"的意义上，存在表现为是一种活动，而与存在者或其属性有根本区别。严格说来，它是使得具有潜存性的实体现实化为存在者的一种活动。"存在者是存在活动产生的个体（个别物）"。①

和亚里士多德一样，阿奎那在存在论上把实体分析为形式和质料。但他并没有停留在这一点，为了解决"个体化原则"问题，他把亚氏的思想向前推进了一步。形式被他进一步区别为具有普遍特性的偶性形式和具体的实体形式；同时质料也被划分为具有一般特性的共同质料以及具有个别性的能指质料。② 他借此指出，事物被个体化的特殊本质只与实质形式和能指质料相关。这两者在存在活动中的结合成为该个别事物的原因。就前者来说，个体性的含义表现为与自身同一；就后者说，个体性的含义包括与他者的区别。他用此解释了个别人之为个别人的两重原因，即作为有形质料的肉体和作为实质形式的个人灵魂。两者在现实的存在活动中形成为个别具体的人。我们应该注意到，如何理解个人灵魂和具体天使的实在性，构成了阿奎那提出其"个体化原则"的主导思想背景。③ 但这个原则被用在自然物时，阿奎那强调更多的是能指质料这方面的因素。"作为个体化原则的质料不是任何一种质料，而是能指质料。所谓能指质料我指的是按照一定形状来规定的质料"。④ 在这个意义上，个别物与其他个别物的本根区别在于其质料的形状。这个观念是后来近代哲学中物质广延性的先导。但仅强

---

① 赵敦华：《基督教哲学 1500 年》，第 376 页。
② 同上书，第 386 页。
③ Gracia, *Individuation In Scholasticism*, pp. 178–180.
④ 赵敦华：《基督教哲学 1500 年》，第 386 页。

调质料作为个体化的原则,也给后代人带来了这样一种影响,即认为个别物之间的区别只是数量上的。

针对 13 世纪后半叶出现的个体化完全出自于质料的观点,司各脱给予了针锋相对的回应。他参与争论的问题是:天使的个体性人格(the personality of the angels)是否能够从质料个体化得到说明?司各脱的回答是否定的。[①] 尽管从根本上说,他还属于温和实在论的行列,因为他坚持形式及相的存在。但他已经敏锐地看到,如不从根本上以一种全新的思路出发,个体化原则就始终不能达到彻底。因此,他打破了自亚里士多德到阿奎那以来从潜能－现实活动的那种解释模式。把质料和形式归入个别事物之属性的范围,而另外提出"个性"(haecceitas)作为决定和承载这种属性的终极性实在。

这时形式和质料不再是思想上的区别,而是一种现实的区别。就是说形式有某种不依赖于质料的现实性(解释了灵魂及天使的独立实在),同时质料也由于自身具有一定的形式而具有独立性。但这些都不足以说明个别事物之为个别事物的根本原因。只有其终极性的"个性"使之成为该事物。这样,就在存在论层面上,最为彻底地达到和贯穿了"这个"的原则。但是,我们同时看到,正是达到了这个层次,如司各脱所强调的,我们对"个性"不能再说什么,不能对其有任何规定,因为一旦有所规定,就不能不涉及某种普遍性的形式,而从存在论层面上,它,而不是这些具有普遍性品格的属性,更具优先性。

这种立场十分接近唯名论的立场,因而实际上为中世纪后

---

① Gracia, *Individuation In Scholasticism*, p.271.

期唯名论的复兴奠定了基础。威廉·奥康就是这种唯名论的代表。所谓"奥康剃刀"就是针对普遍实在。在他看来,无论出自逻辑理由或经验理由,都没有必要在个别事物之外设立普遍实在。共相,从逻辑上讲,只是对关于个别事物的概念或思想的指代。而这些概念乃是心灵自身活动的结果,并非对应着什么外部实在。[①] 只有具体的个别事物是实在的,它是"这个"而非某种类的集合;并且它能够成为自身,乃是以其独有的"个体性"为其原因。这种"个体性"是存在论意义上的,这使得该个别事物与他者毫无共通之处。[②]

从上面我们对古代思想勾画出的粗略线索中我们看到,从极端的实在论到极端的唯名论,从把个别事物看作是虚幻的,或者其相互间的区别仅仅是现象或量上的区别,到承认个别事物的现实存在,乃至认定其相互间的区别是存在论上"个体性"的区别,这期间对个别事物的看法真是经历了一个巨大的变化。所涉及问题的核心在于:决定某个别事物为其个别事物的内在本质是个(体)性,还是共性,抑或是共性与个(体)性的结合?[③] 如果是后两者,那么它们如何经过"个体化"的过程而成为该事物的特殊本质?这问题可以表述为这样一个一般性的"个体问题":个别事物之成为自身在存在论上是如何可能的?对于这个问题,从我们上述所勾画的线索来看,沿古代存在论的途径对此所作出的探求似乎走进了一个死胡同。这一点在司各脱那里就已经明显地表现出来,即主要体现在他的"个性"观念上。一方面,对"个体化原则"的探求确实要求

---

① Gracia, *Individuation In Scholasticism*, p.385.
② 同上书,pp.373, 388.
③ 赵敦华:《基督教哲学1500年》,第515页。

对个别事物之为自身的可能性从存在论上给予说明，而"个性"也确实达到了这个层面，并且是专为此而提出。但也正是因为这样的一种终极性和优先性，它在存在论层面上又是不能被说明的，是不可言述的。这中间似乎包含了某种悖论，这悖论最终被康德在一定程度上提示出来。

历史进入近代是以"人的发现"为其标志，这给人类思想带来了某种转向和分化。转向表现在人的思想越来越多地关注到人自己，但也存在着这样的分化：在日常层面个人呈现出来的同时，人在哲学认识论上却被抽象成为绝对的理性。

在文艺复兴时期，古典著作的发现，重新把古希腊时期人的理性和批判精神展现在人们的面前。民族语言的兴起产生的大量文学作品，其对人性的多个方面进行的细致描写，也让个人对自己的感性需要给予肯定。当然，宗教改革在对个人的解放方面或许作出了更大的贡献。路德提出的因信称义和惟有圣经的标准，把个人从一种庞大的教阶制度以及等级社会中解脱出来，个人凭着自己的信仰而直接站在上帝的面前，因着《圣经》的话语可以和上帝直接沟通。这种个人在上帝面前之独立地位的获得，是近代个人主义兴起的主要根源之一。因为它直接奠定了平民社会中人与人平等的基础。这种平等在当时的社会背景下首先在政治和伦理领域中表现出来。在政治领域中，平等意味着每个人在法律面前的平等。等级阶层的特权逐渐被废除，每个人作为公民享有平等的权利和义务。同样，在伦理领域中，人的任何伦理的诉求也都开始建立在平等的基础上。当一个社会的等级体制分崩离析之际，正是这种政治和伦理意义上的权利和责任，规定了人之作为个人的含义。因此可以说，所谓"人的发现"在日常现实的层面主要体现为个人的出现。

哲学也以自己的方式反映了这种向人的转向，即常说的"认识论转向"。当自然科学从传统形而上学中分化出来而获得独立时，它一方面是对人的理智力量的肯定，一方面也对人的认识能力提出了新的课题。而在新生的科学面前，传统形而上学窘迫地发现，需要首先反思自己在这种新形势下的角色，才能重新找到自己存在的价值。这种种情况都把哲学家的视野引向对人自己或人的理性的反思。这构成了这一时期"个体问题"的特点。如果说在我们上面勾画的古代思想线索中，人们并不乏对人灵魂的思索，那也基本上是出于一种传统存在论的立场。而现在，人对自己理性的思索则是以反思的角度切入的。我们很快就会看到，和日常现实层面上个人出现的方向相反，理性对自己的认识则走向了越来越脱离具体个人的方向。

　　康德继承了笛卡儿所开始的"我思"的转向，但"我思"在他那里已经向普遍性的方向推进到了"纯粹理性"。他对我们所要考察的"个体问题"产生的重要影响在于：个体问题被从一般事物的领域转向了人自身的领域，并且是他首先将其和人的伦理层面关联起来。

　　首先，关于理性对具体事物"物自身"的认识，康德得出了否定的结论。对于事物的"物自身"，人的理性尽管能够想到它，对它却不能拥有普遍和客观的知识，在这个意义上，理性实际从经验上既不能证明它的存在，也不能否定它的存在。但问题的关键还不在这里，康德用"物自身"概念更重要地是想表达：理性的认识能力存在着一条界线，"物自身"概念更确切地说是一种"极限的概念"。[①] 当然，我们并不认为康德

[①] 梯利著，葛力译：《西方哲学史》，商务印书馆1995年修订版，第446页。

的"物自体"就是我们正在谈论的"个体",理性无法肯定"物自体"的个别性。但我们从康德对"物自体"所得出的结论中,可以由此得到的一个重要推论就是:传统存在论意义上的"个体"("这个")问题已经超出了人理性认识的界线,从认识论这个途径上是不能给予"知识"上的说明的。这个结论似乎更明确地表达出了我们从司各脱那里得到的结论。只是这里更多地显明出认识论途径的有限性。

尽管康德在理性认识事物"物自身"方面得出了否定的结论,这并没有使康德否定"物自身"的存在。"康德在任何时刻都没有怀疑过这样的物自身的存在"。[①] 实际上,康德区别现象与"物自身",最终的目的是为了说明人的自由。对康德来说,自由是一个超验的观念,自由不受现象界因果律的支配。如果否定这种先验的自由,势必会破坏实践或道德上的自由。我们看到,"物自身"在道德论的意义上被明确地和人自身联系起来。因此,康德对我们所关心的"个体问题"带来的第二点影响在于,人"自身"的优先性被再次突出出来,并且在康德这里不再是沿理性认识的途径,而是借着实践理性或道德的途径实现出来。

在康德看来,现实中的人同时具有两重品格。从感性和知性方面看,人有经验的品格。这种品格使人成为自然的一部分,成为自然秩序中因果链条的一环,也可以作为人认识的对象。而从理性或智性的方面看,人同时有理智的品格,这种品格使人"是那些作为现象的行动的原因,但这种品格本身却不

[①] 梯利:《西方哲学史》修订版,第448页。

服从任何感性条件，而且本身不是现象"。① 因此，这同一个人，就前一个品格来说，他的行为是受支配的，而就后一个品格来说，他则超越了感性世界对自己的支配，而达到了以自律为特征的"自身"本体。康德用"person"来表达具有前一种品格的个人，而用"personlichkeit"来表达人的后一种品格，这个词常被译成"人格"，"属于感觉世界的个人在同时属于理智世界的情况下，委质于他自己的人格"。②实际上在这个概念中包含着实体的含义，康德用它来表示人作为一种统一性的知性实体。③ 尽管我们还不能将这种实体就断定为"个体"，但康德已经把我们的视野引向了人本身所有的一种实体层面上。

在康德哲学之后，黑格尔主义把一种具有客观绝对性特点的整体观发展到了极致，从而达到与个体问题或观念完全相反方向的一个顶峰。黑格尔把康德的"纯粹理性"向前又推进了一步，使之成为客观理念。从逻辑上说，它自最初在自身中就潜在地隐含着那以观念的方式将要展开的全部内容。因此，作为实在的理念在一种不断演进的过程中外化和实现着自己，这个过程是向着更加完满的方向发展着的，真正的真理只存在于最终达到完满的全体或绝对精神之中。相对这种达于全体之实在的过程，每个个别只不过是重复或实践着这种普遍过程的工具而已，"每个个体，如就内容而言，也都必须走过普遍精神所走过的那些发展阶段"。④ 个别在黑格尔看来总是恶的和不

---

① 康德著，韦卓民译：《纯粹理性批判》，华中师大出版社1991年版，第492页。
② 康德著，韩水法译：《实践理性批判》，商务印书馆1999年版，第94页。
③ 康德：《纯粹理性批判》，第343页。
④ 黑格尔著，贺麟、王玖兴译：《精神现象学》，商务印书馆1996年版，第18页。

完善的，它们都尚未把他们的真正的本性、同时也是普遍性的本质实现出来。他在其《精神现象学》中，就描述了意识由个别经自我意识到理性、再到精神直至达到绝对精神的过程。

这种整体观把传统中整体的思想推到了顶峰。按照这种整体观，整体相对其部分来说是无限和绝对的，整体被看作是各部分能够统一起来的前提，它决定了各部分之为该部分的功能和本性。离开这整体的前提或条件，部分便不再是该部分，甚至它的存在都因此受质疑。这种思想难免会让人得出这样的结论："有限事物外观上的自主性，在他看来是幻觉；他主张，除全体之外任何东西都不是根本完全实在的"。[1] 总之，就我们所关心的问题和语境而言，这种思想很容易让我们联想起古代实在论在这个问题上的立场。

当我们对近代思想作简要的回顾，我们就会发现，就我们考察的"个体问题"而言，存在着一个十分冲突的情况。一方面正如"人的发现"所表征的，文艺复兴和宗教改革在日常现实的层面把个人突出出来，把个人的独立性、个人的价值、情感和尊严突出出来，而另一方面，在哲学领域，尽管"认识论转向"也标志着人把对"自身"的反思放在了优先地位，但高举和张扬出来的却是一种普遍的理性，从"我思"一直发展到客观的绝对精神。具体个人被这种普遍实在的遮掩恰与日常实在中个人的突出形成了鲜明对比。由此我们可以得出两点结论。首先，个人主义在日常世界的出现，个人在日常生存上"个性"的突出，乃至文学或具体科学对其所作的多角度描述

---

[1] 罗素著，马元德译：《西方哲学史》下卷，商务印书馆1976年版，第276页。

及研究,并不意味着个人在存在论上的"个体性"地位得到解决。个人在存在论上的"个体性"如何成为可能依然是一个问题。其次,正如康德所指明的,从近代认识论的途径不可能对此"个体问题"有所解决。这是由认识论特有的对象性或概念性的反思方法所决定的。

在这个历史背景下,我们看到,祁克果的生存论为"个体问题"展开了一个新的视域。从祁克果的角度,"个体问题"就是"个体人问题",并且这个问题是生存论层面上的问题,而不是认识论上的问题,甚至也不只是道德论上的问题。我们前面已经在生存论层面上比较详细地分析了这个问题的两个方面的意义,即从主体性的方面阐述了它的存在论地位(或属性),以及从"据有过程"考察了它的个体化过程。当然,在前面整个的阐述中,我们一直在强调个体的非现成性,以及他与信仰作为一个生存状态的相互关系。然而,在本节所描述的历史背景下,我们认为祁克果让我们看到的最重要的一点就是:他让我们比较明确地看到日常意义上的个人与生存论意义上的个体的人之间的区别。从而把我们对于人的生存的理解带入了一个新的深度。正是在这个方面,祁克果对海德格尔产生了重要影响。

可以说,海德格尔以更为明显的生存论的语境发展了祁克果所展开的这个新的视域。在海德格尔的《存在与时间》中,我们可以隐约地看到一个关于个体或个体化的线索。当我们把他的描述与祁克果的论述对照起来的时候,我们可以看到一定的类似性或相关性。

用海德格尔的话来说,此在在存在者状态上总是先行以各种处身情境下的情绪现身出来。在这些现身情绪中,最为基本而又别具一格的情绪就是"畏惧"。当畏惧袭来时,人感到一种紧压以致让人屏息,但是人又不知自己所畏惧的究竟是什么,以及它究竟来自何方。处境世界或者在世本身似乎作为一个整体向人压来,使人不再能从公众常有的观念中为这种畏惧找到一种说法和能有所逃避的处所。"畏剥夺了此在沉沦着从'世界'以及公众讲法方面来领会自身的可能性"。① 畏中的这种剥夺把此在的最本己能在从人们(常人)中个别化出来。"畏在此在中公开出向最本己的能在的存在,也就是说,公开出为了选择与掌握自己本身的自由而需的自由的存在"。②

此在在面向死亡之时,遭遇到这种畏。而最本己的能在在畏中的显明,是借着此时良知的呼声被个人意识到的。一声呼唤,不期而来,甚至违乎意愿地把个人带到自己最本己的能在面前,这种良知的呼声让此在面对的亦是本己的罪责存在。领会这种呼声就是愿有良知,而愿有良知即是勇于承担这种在良知面前自己不能不正视的罪责。"这种出众的、在此在本身之中由其良知加以见证的本真的展开状态,这种缄默的,时刻准备畏的,向着最本己的罪责存在的自身筹划,我们称之为决心"。③ 决心是个别化的此在处于为本真生存样式中最为突出的一种样态。可以说,就在这种决心样态中,此在作为个体性的本真生存维度得到充分显现。

概括地说,海德格尔对此在的考察是从其"在世界中"的生存出发的,这与近代认识论从反思出发极为不同。沿生存方向,此在在存在者状态上以处身情绪的方式"现身"出来,并

---

① 海德格尔:《存在与时间》,第227页。
② 海德格尔:《存在与时间》,第227页。
③ 海德格尔:《存在与时间》,第353页。

不直接就被等同于理性，因而在不同的情境中表现出此在在存在者状态上的各种个别性。但海德格尔让我们看到，在日常生存中，个人在存在者状态上的个别性，并不意味着其在存在论上的"个体性"，换句话说，个人在日常生活中自然是有个别性的个人，但他并不因此就是活出了"自己"的个体的人。在海德格尔的思想中，此在的这种"个体性"在存在论上作为非现成性的本真存在样式，尽管在此在的生存中具有同样原始的存在依据，但这种维度的呈现却要经过良知在畏中的唤醒以及愿有良知的决心。不过，也正是在这种"个体化"的方式上，我们感受到海德格尔在描述上的跳跃，或者说他只是在存在论上描述了这种本真维度的可能性，而尚未考虑到其与现实中个人的"个体化"如何具体地关联起来。

海德格尔向着生存的转向无疑受到祁克果的启发，[①] 而对他们两人来说，这种转向的一个重要思想背景就是基督教思想的影响。这构成了他们思想之间相似性的基础。但这种相似只是在一定程度上而言的。他们的生存论思想明显存在着区别。这种区别在于，海德格尔在这种影响下，仍然自觉地维持了一种他认定的存在论语境和界线，在这一方面，他基本上继承了古希腊的哲学传统，而把对自己有重要影响的基督教（希伯来）思想传统中的某些因素淡化了。这其中很重要的一点就是，至少从其《存在与时间》中所表现出的上述线索来看，他放弃了把信仰作为一种生存现象来从生存论上给予考察。按照祁克果两个宗教的区别，海德格尔的思想无疑属于"宗教 A"的范围。这里"宗教"一词在祁克果的用语里具有比我们日常

---

① 海德格尔：《存在与时间》，第 283 页。

所指要宽泛的多的含义。就哲学是人的一种生存方式,其中包含了对人自己及"无限"的认识和实践而言,祁克果把以希腊思想传统为主导的西方哲学思想亦看作是"宗教 A"的类型之一。在祁克果看来,如果谈及人如何成为一个本真的自己这样的问题的话,"宗教 A"的类型就并没有触及其中的一个关键因素(对于祁克果来说即罪的因素)。这种批评也适用于海德格尔的思想。尽管在海德格尔的思想中,良知呼唤是借着悄然袭来的畏惧呈现出来,不似苏格拉底或传统形而上学所言的种种理性方法,因此可能会更合于现代人的实情,但是,这种常常是转瞬即逝的畏惧除了让人当时一瞥最本己能在的可能之外,是否足以让人放弃常人方式而自愿地接受良知("领会召唤就等于说:愿有良知"[①]),并由此进入一种勇于承担的决心状态?愿意是否意味着能够?如果我们看到在畏袭来之际,人怎样更加下意识地要逃入"众人"中去的事实时,这样的疑问就不是没有道理的了。总之,这种对比能够让我们更加了解关于"个体问题"的生存论的进路,以及祁克果个体生存论的特殊之处。

[①] 海德格尔:《存在与时间》,第 344 页。

参考文献

1. 祁克果原著中译文本:

《或此或彼》(上下卷),阎嘉等译,四川人民出版社,1998年第一版。

《恐惧与颤栗》,刘继译,贵州人民出版社,1994年第一版。

《重复》,王柏华译,百花文艺出版社,2000年第一版。

《论怀疑者/哲学片断》,翁绍军等译,三联书店,1996年第一版。

《致死的疾病》,张祥龙等译,中国工人出版社,1997年第一版。

《十八训导书》,吴琼译,中国工人出版社,1997年第一版。

《祁克果的人生哲学》,谢秉德译,基督教文艺出版社(香港),1963年初版。

《克尔凯戈尔日记选》,晏可佳等译,上海社会科学院出版社,1995年第一版。

2. 研究文献:

Beabout, Gregory R., *Freedom and Its Misuses: Kierkegaard on Anxiety and Dispair*, Marquette Univ. Press, 1996.

Brown, James, *Subject and Object in Modern Theology*, SCM

Press LTD, London, 1955.

Buber, Martin, *I and Thou*, trans. by Walter Kaufmann, Simon & Schuster, 1970.

Carnell, Edward J., *The Burden of Kierkegaard*, William B. Eerdmans Publishing Co., 1965.

Collins, James, *The Mind of Kierkegaard*, Chicago: Herry Regnery Co., 1953.

Come, Arnold B., *Kierkegaard as Theologian*, McGill-Queen's Univ. Press, 1997.

Connell, George, *To be One Thing——Personal Unity in Kierkegaard's Thought*, Mercer Univ. Press, 1985.

Connell, George B. and Evans Stephen C., *Foundation of Kierkegaard's Vision of Community*, New Jersey: Humanities Press, 1992.

Crites, Stephen, *In the Twilight of Christendom——Hegel vs Kierkegaard on Faith and History*, Pennsylvania: Chambersburg, 1972.

Dupre, Louis, *Kierkegaard as Theologian: The Dialectic of Christian Existence*, New York: Sheed and Ward, 1963.

Eller, Vernard, *Kierkegaard and Radical Discipleship: A New Perspective*, Princeton Univ. Press, 1968.

Elrod, John W., *Being and Existence in Kierkegaard Pseudonymous Works*, Princeton Univ. Press, 1975.

Elrod, John W., *Kierkegaard and Christendom*, Princeton Univ. Press, 1981.

Evans, C.Stephen, *Kierkegaard's "fragment" and "Postscript"* ——

The Religious Philosophy of Johannes Climacus, Humanities Press Inc., 1983.

Evans, C. Stephen, *Passionate Reason——Making Sense of Kierkeaard's Philosophical Fragments*, Indiana Univ. Press, 1992.

Evans, C. Stephen, *Faith Beyond Reason——A Kierkegaardian Account*, Michigan, William B. Eerdmans Publishing Co., 1998.

Gouwens, David J., *Kierkegaard as Religious Thinker*, Cambridge Univ. Press, 1996.

Gracia, Jorge J. E., *Individuality——An Essay on the Foundations of Metaphysics*, Albany: State Univ. of New York Press, 1988.

Gracia, Jorge J. E., ed., *Individuation in Scholasticism——The Later Middle Ages and the Counter-Regormation*, Albany: State Univ. of New York Press, 1994.

Hannay, Alastair, *Kierkegaard*, Routledge & Kegan Paul Ltd., 1982.

Hannay, Alastair and Marino, Gordon D., ed., *The Cambridge Companion to Kierkegaard*, Cambridge Univ. Press, 1988.

Heidegger, Martin, *Being and Time*, trans. by John Macquarrie & Edward Robinson, Harper & Row, Publishers, 1962.

Johnson, Howard A. and Thulstrup, Niels, ed., *A Kierkegaard Critique*, Chicago: Henry Regnery Co., 1962.

Liehu, Heidi, *Kierkegaard's Theory of Stage and Its Relation to Hegel*, Helsinki, The Philosophical Society of Finland, 1990.

Lowrie, Walter, *Kierkegaard*, New York: Harper Torchbooks (2 Vol.), 1962.

Malantschuk, Gregor, *Kierkegaard's Thought*, ed. and trans. by H.V.Hong and E.H.Hong, Princeton Univ. Press, 1971.

Miller, Libuse Lukas, *In Search of the Self——The Individual in the Thought of Kierkegaard*, Philadelphia, Muhlenberg Press, 1962.

Pattison, George, *Kierkegaard and the Crisis of Faith*, London, SPCK, 1997.

Perkins, Robert L., ed., *International Kierkegaard Commentary: The Sickness unto Death*, Georgia: Mercer Univ. Press, 1987.

Pojman, Louis P., *Logic of Subjectivity: Kierkegaard's Philosophy of Religion*, The Univ. of Alabama Press, 1984.

Poole, Roger, Kierkegaard: *The Indirect Communication*, Univ. Press of Virginia, 1993.

Price, George, *The Narrow Pass——A Study of Kierkegaard's Concept of Man*, Hutchinson of London, 1961.

Rae, Murray A., *Kierkegaard's Vision of the Incarnation——By Faith Transformed*, Oxford Univ. Press Inc., 1997.

Rosas, L.Joseph, *Scripture in the Thought of Kierkegaard*, Broadman & Holman Publishes, 1994.

Stack, George J., *Kierkegaard's Existential Ethics*, The Univ. of Alabama Press, 1977.

Swenson, David F., *Something about Kierkegaard*, Minneapolis: Augsburg, 1941.

Taylor, Charles, *Sources of the Self: The Making of the Modern Idenitity*, Cambridge, Harvard Univ. Press, 1989.

Taylor, Mark C., *Kierkegaard's Pseudonymous Authorship——A Study of Time and the Self*, Princeton Univ. Press, 1975.

Taylor, Mark C., *Journeys to Selfhood: Hegel & Kierkegaard*, Univ. Of California Press, 1980.

Thomte, Reidar, *Kierkegaard's Philosophy of Religion*, Princeton Univ. Press, 1949.

Walker, Jeremy, Kierkegaard: *The Descent into God*, McGill-Queen's Univ. Press, 1985.

Westphal, Merold, *Becoming a Self*, Purdue Univ. Research Foundation, 1996.

Wyschogrod, *Kierkegaard and Heidegger: The Ontology of Existence*, Humanities Press, 1969.

黑格尔,《精神现象学》,贺麟等译,商务印书馆,1997年。
施蒂纳,《惟一者及其所有物》,金海民译,商务印书馆,1989年。
海德格尔,《存在与时间》,陈嘉映等译,商务印书馆,1987年。
马丁·布伯,《人与人》,张健等译,作家出版社,1992年。

赵敦华,《基督教哲学 1500 年》,人民出版社,1994 年。

杨大春,《沉沦与拯救——克尔凯戈尔的精神哲学研究》,人民出版社,1995 年。

王平,《生的抉择》,商务印书馆,2000 年。

王齐,《走向绝望的深渊——克尔凯郭尔的美学生活境界》,中国社会科学出版社,2000 年。

古斯塔夫·勒庞,《乌合之众－大众心理研究》,冯克利译,中央编译出版社,2000 年。

曼弗雷德·弗兰克,《个体的不可消逝性》,先刚译,华夏出版社,2001 年。

后　记

　　对"个体问题"的关切始于数年前读海德格尔的著作。读祁克果的著作使我对这个问题的宗教背景似乎更清楚了一些，尤其是从他那里感到与这个时代人的生存的靠近。然而，读祁克果的作品确实是对精神的一种励炼。在这两年的研读中，一方面常常为他作品中所涌现出来的出人意外的思想睿智所折服，另一方面，由于他作品文体的风格，在力求把握他的思想时所经历到的自身精神的焦躁也给我留下了深刻的印象。或许这也是祁克果所预见和期望的，他也许希望他的作品对于学术性的分析能够表现出一种抗拒力。

　　由于时间上的原因，这篇博士论文的写作是在比较匆忙的情况下完成的。随后是找工作、答辩以及投入新的工作环境。一晃时间已经过去了三年。在出版前对它进行修改时，原打算在原来处理比较简单的地方再作一些补充，并在整体上使原来较弱的自我这个方面的线索再突出一些，这样本书的篇幅就可能再增加一些。但我很快就发现，我现在对所探讨问题的思考和三年以前已经有一些不同。加进去的东西似乎不能和原来论文的结构很好融合，除非要做大的调整，那可能就是另一本书了。所以我只是做了不多的调整，个别地方做了一些补充，论文基本上保持了原本的结构和面貌。尽管自己还不是很满意，但对于所研究的问题来说，也只能把它看作是前一个阶段所思考的结果。

在北大三年的博士学习中，导师赵敦华老师对于我的研读和论文的写作给予了悉心的指导。不仅在论文的指导上，同时也在为人为学踏实认真的态度上，让我学习到许多终生受益的东西。加拿大维真学院的许志伟先生帮助我们得到去维真学院学习的机会，使我们有可能收集到许多宝贵的资料。在那里对论文提纲的讨论中，许先生也提出了宝贵的意见。并且，他为本书能够出版付出了努力并提供了帮助，这一切都让我从心里十分感谢。这里也要特别感谢杨熙楠先生和香港汉语基督教文化研究所，为我提供了安静的环境和时间来修改本书，并重新思索本书所讨论的问题。

这里我也要感谢张祥龙老师和靳希平老师，在我跟他们学习期间他们对论文的写作和改进都提出了宝贵的指导性建议。我也借此机会感谢游冠辉和董江阳，以及不能一一提到的同学和朋友，我们在一起居住的时候所常有的讨论，都直接或间接地帮助了论文的构思与写作。最后，我也要感谢我的家人，由于他们的全力支持，使我在北大三年的学习能够顺利完成。

孙　毅

2004 年 5 月